Gudrun Tümler

Ich sollte eine "höhere Tochter" werden

Gudrun Tümler

Ich sollte eine "höhere Tochter" werden

Erinnerungen an Steinhardt (1945 - 1985)

Verlag Lebensreise

Impressum / Imprint
Bibliografische Information der Deutschen Nationalbibliothek: Die Deutsche Nationalbibliothek verzeichnet diese Publikation in der Deutschen Nationalbibliografie; detaillierte bibliografische Daten sind im Internet über http://dnb.d-nb.de abrufbar.

Bibliographic information published by the Deutsche Nationalbibliothek: The Deutsche Nationalbibliothek lists this publication in the Deutsche Nationalbibliografie; detailed bibliographic data are available in the Internet at http://dnb.d-nb.de.

Coverbild / Cover image: www.ingimage.com

Verlag / Publisher:
Verlag Lebensreise
ist ein Imprint der / is a trademark of
OmniScriptum GmbH & Co. KG
Heinrich-Böcking-Str. 6-8, 66121 Saarbrücken, Deutschland / Germany
Email: info@verlag-lebensreise.de

Herstellung: siehe letzte Seite /
Printed at: see last page
ISBN: 978-3-639-67861-1

Inhaltsverzeichnis

✧✧✧✧✧✧✧

Vorbemerkungen

✧✧✧✧✧✧✧

Dies ist die Geschichte meines Lebens, meiner Kindheit, meiner Jugend, meiner Zeit bis zu meinem 40. Lebensjahr, als ich dann entschieden habe ... Und alles ist so geschehen, wie ich es hier niederschreibe.

Sicher unterscheidet sich meine Erinnerung von den Erinnerungen anderer an diese Zeit. Denn es kommt auch bei Erinnerungen auf die Sichtweise des Betrachters an. Ebenso sind mir viele Handlungsweisen erst im Laufe der Zeit und mit fortgeschrittener Lebenserfahrung klar geworden.

Es ist im Prinzip genauso eine geschichtliche Dokumentation, und ich zitiere aus der Familienchronik; vieles hat sich zum Glück verändert; aber ich denke, dass es auch wichtig ist, Vergangenes festzuhalten.

Ich werde hier in diesen Aufzeichnungen meine Mutter nur mit ihrem Vornamen Frieda benennen, da ich mir unter einer "Mutter" einen anderen Charakter vorstelle.

Die Geschichte, die ich erzähle, ist nicht immer chronologisch geordnet, obwohl ich mich darum bemüht habe.

Auch überschneiden sich manchmal die Erzählungen der einzelnen Kapitel, da sie nicht in jedem Fall einfach zuzuordnen waren. Und manchmal erzähle ich Begebenheiten in zwei Kapiteln, weil sie Bezug zu beiden haben.

“WAS wir sind, bestimmt unsere DNS, aber WER wir sind, ist Ergebnis unserer Erfahrungen”, sagte ein CSI-Ermittler (ich will mich da nicht mit falschen Federn schmücken); und ich glaube, da hatte er Recht.

Ich begann mit meinen Aufzeichnungen, als ich 2008 eine todkranke Freundin in Mecklenburg-Vorpommern zum letzten Mal besuchte, die man bis fast zuletzt über ihren Zustand im Unklaren gelassen hatte, bis ich kam; und ihr Umfeld, vor allem ihr Partner hatte wohl Angst, dass ich sie aufklären würde.

Damals, Anfang November, verbrachte ich viel Zeit alleine mit meinem Laptop in meinem Hotelzimmer. Und ich fing an zu schreiben.

Mitte Dezember verstarb meine Freundin, ohne dass ich oder andere “alte” Freunde von ihrem Tod unterrichtet worden wären. Nur durch Zufall erfuhren wir davon.

Und ich hoffe, dass ihr damaliger Partner sowie die selbsternannten Freunde für ihre Handlungsweise in der Hölle schmoren.

Ich werde das alles sicher in einer Fortsetzung dieses Buches erzählen.

Irgendwann beschloss ich, diese Aufzeichnungen in einem Blog zu veröffentlichen. So fand mich Frau Berger vom Verlag Lebensreise, bei der ich mich hier an dieser Stelle ganz herzlich bedanken möchte.

Danach fing ich richtig an zu schreiben. Manchmal war die zeitliche Zuordnung von Geschehnissen, die so lange zurück liegen, nicht einfach.

Mit Eselsbrücken, wie: Welches Auto haben wir damals gefahren? - Bei welcher Arbeitsstelle war ich damals? - und mit dem Kramen in Zeugnissen bin ich meist weiter gekommen.

Zuerst hatte ich gar nicht vor, Dinge aus der Familienchronik zu erwähnen, aber ich stellte bei Gesprächen mit Freunden fest, dass diese davon sehr fasziniert waren. Und so habe ich aus dieser Chronik zwei Begebenheiten einfließen lassen.

Mein Werk hat mich viele Stunden Schlaflosigkeit in der Nacht gekostet. Oft fiel mir gerade beim Einschlafen noch etwas ein, das mir keine Ruhe ließ; so stand ich dann wieder auf und schrieb meine Gedanken nieder. Dabei verging die Zeit rasend schnell und 2 - 3 Stunden Nachtruhe waren wieder dahin.

Das Dorf

Sie haben noch nie von Steinhardt gehört? Das wundert mich nicht. Es liegt im Kreis Bad Kreuznach in Rheinland-Pfalz. In meiner Kindheit war es ein Dorf von noch nicht einmal 200 Einwohnern, mit der einzigen Besonderheit, dass es dazu auch noch ein geteiltes Dorf war - so wie Deutschland dann viele Jahre geteilt war. Nur eine Mauer, die hatte man doch nicht gebaut. Später ließen sich - der günstigen Bodenpreise wegen - einige Bundeswehrbedienstete nieder und ein paar Einwohner kamen dazu; noch später wurde es nach Bad Sobernheim eingemeindet.

Steinhardt lag bis zum Bau einer Umgehungsstraße, der erst nach meinem Wegzug erfolgte, direkt an der B 41 auf einer Anhöhe zwischen eben dieser Kleinstadt (Bad) Sobernheim (damals einfach nur Sobernheim) und dem Ort Waldböckelheim. Auf der Anhöhe verlief eine Querstraße, die gleichzeitig die Grenze zwischen den beiden Ortsteilen war: Der östliche Teil gehörte zum Amt Waldböckelheim, der westliche zur Stadt Sobernheim.

Aus diesem Grund mussten die Kinder früher, d. h. noch in Friedas Generation, auch getrennt zur Schule gehen; denen meiner Generation blieb das erspart - wir besuchten alle die Schulen in Sobernheim, das damals zwar schon eine Felke-Kurstadt aber noch kein "Bad" war.

Es gab im Dorf keine Schule, es gab keine Kirche, jedoch zwei Geschäfte: einen Bäcker, der sich später zu einem kleinen Einkaufscenter wandelte, das von der SPAR-Kette beliefert wurde; und in meiner frühen Kindheit noch eine kleine “Kolonialwarenhandlung”, dessen Inhaber mit einem kleinen Eselkarren über Land fuhr. Dort wurde auch die in die Molkerei abgelieferte Milch abgerechnet und die Butter ausgegeben.

Allerdings gab es zwei Gasthöfe, für jeden Teil des Dorfes einen. Diese dienten auch als Wahllokale, denn es gab ja zwei Wahlbezirke. Der Gasthof auf der Waldböckelheimer Seite gehörte meinen Eltern und war schon seit vielen Generationen im Besitz der Familie mütterlicherseits.

Die Lebensgrundlage der Dorfbewohner war hauptsächlich die Landwirtschaft, und es gab etwas Weinbau, obwohl die Lage dafür eher ungünstig war.

Es gab schon seit meiner frühen Kindheit eine Wasserleitung und auch Stromversorgung, was nicht in allen Dörfern selbstverständlich war; jedoch gab es keine Kanalisation, die wurde erst gebaut, als ich schon nicht mehr in Steinhardt lebte, also Ende der 60er Jahre bzw. Anfang der 70er Jahre. Jedoch hatte damals die Wasserversorgung in heißen Sommern so seine Tücken. Steinhardt liegt, wie gesagt, auf einer Anhöhe, das Wasser wurde von Sobernheim “geliefert”. Und wenn das Wasser knapp wurde, reichte der Druck nicht aus, um das Wasser bis zu uns zu schaffen. Dann mussten am frühen Morgen alle vorhandenen Wannen und Eimer gefüllt werden, und man musste sich tagsüber, meist ab dem Mittag, daraus bedienen.

Ach so, ja! Eine Besonderheit hat der Ort: “Steinhardter Erbsen”. Diese stammen aus dem Tertiär, sind also ca. 30 Mio Jahre alt. Wahrscheinlich, so habe ich es in der Schule gelernt, befand sich in diesem Landstrich ein Meer. Kohle, Holz, kleine Schnecken usw. wurden von Sand umschlossen,

danach durch die Wellenbewegung zu Kugeln oder Eiern geformt, und irgendwann versteinerte das Ganze. Wir Ortsansässige benutzten diese Steine oft als Umrandungen für Gartenbeete.
Manchmal kamen Archäologen und untersuchten dieses Phänomen, das es sonst nur noch an einer weiteren Fundstelle auf der Krim gibt.

Eine Legende über diese Steine gibt es auch:

Vor langer, langer Zeit lebte ein reicher, aber hartherziger Bauer in Steinhardt. (Anm.: Sonst wäre er ja nicht so reich geworden.) Im Frühling fuhr er hinaus auf seinen Acker um Erbsen zu säen. Als er fast fertig war, kam ein armer, alter Mann zu ihm und bat höflich um ein paar Erbsen, damit seine Frau eine Suppe davon kochen könne. Aber der reiche Bauer jagte den Bettler davon: Eher sollten seine Erbsen zu Stein werden, bevor er auch nur eine Handvoll verschenken würde. Traurig ging der alte Mann davon und der Bauer säte weiter. Aber sein Sack auf der Schulter wurde immer schwerer und er bemerkte mit Entsetzen, dass sich die Erbsen in runde Steine verwandelt hatten; und auch die Erbsen, die er bereits gesät hatte, waren zu Stein geworden. Noch heute findet man in den Äckern und Weinbergen rund um Steinhardt diese seltsamen Steingebilde, die im Volksmund Steinhardter Erbsen heißen.

✧✧✧✧✧✧✧

Aus der Familienchronik bzw. den Kirchenbüchern

Am 1. September 1619

✧✧✧✧✧✧✧

Seindt Diel Hanen Frau Margareth und Peter Schmittes Frau Christina wegen ihrer übermäßigen Bosheit und unerhörten Scheltworten fürbescheiden und weil sie hierfür straffällig vom Herrn Schultheißen erkannt worden, ist dem Urheber dero Geige Trags und 5 fl. (Florin, Gulden) zur Strafe vom Schultheißen uffgesetzt worden.

Anmerkungen:

1. Margarethe, die Frau von Dielmann Hahn, seit 1610 verheiratet.
2. fürbescheiden: vorbeschieden, vorgeladen
3. Geige Trags: Geige tragen, Strafe im Mittelalter.
   Die Geige war ein Brett mit einem Loche, in das der Kopf gesteckt wurde. An dem Brett wurde noch eine Schelle befestigt und dann wurde die betreffende Person durch den Gerichtsdiener durch den Ort getrieben.

Sollte man diese Strafe nicht wieder einführen?

✧✧✧✧✧✧✧

Die Dorfbewohner

✧✧✧✧✧✧✧

Sie waren wohl alle gute Nazis, darunter auch Gauleiter in der heutigen Ukraine und sog. 'Goldfasane'. Sicher möchte das heute niemand mehr wahrhaben bzw. die jüngere Generation weiß es gar nicht mehr.

Ich kann dies anhand von noch vorhandenen Unterlagen zumindest für Frieda und ihre Mutter belegen; und ihr Bruder, der zu Ende des zweiten Weltkrieges auf der Flucht aus Russland umkam, war Mitglied der SS.

Auch Nazi-Größen, sogar Herr Hitler, sollen durch bzw. in den Ort gekommen sein. An der Stützmauer zum ehemaligen großen Nutzgarten der Familie am Ortsende kam eines Tages wieder eine schlecht überstrichene Schrift zutage mit einer Nazi-Parole; mein Bruder fand das lustig.

Und da es sich bei Frieda und ihrer Mutter um anerkannte Autoritäten in der örtlichen Gemeinschaft handelte, deren Urteil und Aussage man nicht in Frage stellte, kann ich daraus schließen, dass auch die übrige Dorfgemeinschaft die gleiche Gesinnung hatte. Zudem existieren auch noch Belege darüber, dass beide bei der ersten Wahl 1948 aufgrund ihrer politischen Gesinnung nicht zur Wahl gehen durften. Ein solches Verbot ist sicher nicht jedem einfachen 'Mitläufer' erteilt worden.

Auch wenn dies alles mein Sohn nicht wahrhaben möchte, denn laut seiner Aussage "waren sowieso alle Nazis". Dass er diese Auffassung vertritt, dass das alles nicht so schlimm war, wundert mich nicht, denn ihm hat sie

Zucker ... (er ist ja schließlich auch ein männliches Wesen, und die haben lt. Frieda besondere Rechte). Aber auch dazu später mehr.

Er weiß außerdem auch nicht, dass sich der Vater meines letzten Mannes erhängt hat, als er für die Nazis in einem KZ mit seinem Bagger Gräben für Ermordete hatte graben sollen.

Natürlich gab es auch in dieser kleinen Dorfgemeinschaft schon mal zwischenmenschliche "Ausrutscher" und gewisse Nickligkeiten aus Rache. Ich kann da der berühmten "Miss Marble" nur zustimmen: In einer kleinen Dorfgemeinschaft kann man alle Formen zwischenmenschlicher Beziehungen studieren, wenn man denn Augen und Ohren offen hält - und es überhaupt wahrnehmen möchte.

So erzählte mir Frieda, dass ein Dorfbewohner während des Krieges mit seiner Schwiegertochter ein Kind gezeugt habe, dass dann von seinem Sohn akzeptiert wurde. Was blieb ihm auch anderes übrig? Im Falle, dass er aufgemuckt hätte, hätte er eben den Hof nicht geerbt. - Sie verbot mir deshalb, mit diesem Kind zu spielen, als wenn etwa dieses Kind daran Schuld gewesen wäre.

Es passierte auch, dass einer im Streit seine Frau mit einem Beil erschlug. Der Grund dafür ist mir unbekannt. Vielleicht war er Choleriker? Vielleicht hatte sie einfach nur die Suppe zu heiß serviert?

Und es gab den am meisten aufsehenerregenden Fall eines Knechtes, der sich in die schöne Frau des Nachbar-Bauern verliebt hatte, auf den Hof dieses Nachbarn wechselte, um seiner Angebeteten ganz nahe sein zu können ... und als seine Angebetete dann immer noch nichts von ihm wissen wollte, sich einen Schussapparat baute und sich im Garten des Anwesens das Leben nahm.

Viele Jahre später, als ich schon nicht mehr in Steinhardt wohnte und nur ab und zu noch zu Besuch kam, erzählte mir Frieda, dass in einem nahegelegenen Gehöft dessen Bewohner ihre Schwiegertochter zu Tode gequält hätten. Sie hätte wohl eine gute Mitgift mitgebracht, aber geliebt oder auch nur akzeptiert wurde sie nicht. Ihre Eltern holten die Gequälte und Verstorbene wieder zu sich und ließen sie bei sich beerdigen.

Dass mir das hätte auch passieren können, und sogar mit ihrer nicht nur stillschweigenden Duldung, das war ihr ganz entfallen. Und dass sie sicher auch dann noch mir die Schuld daran gegeben hätte, das ist doch sicher!

Ferner gab es den Fall, dass sich eine junge Frau in den Verlobten ihrer Schwester verliebte. Sie machte den Mann ihrer Schwester abspenstig, worauf diese sich erhängte. Sie heirateten trotzdem.
Der Mann fiel im 2. Weltkrieg. Die Frau musste ihren Sohn alleine groß ziehen und arbeitete als Schneiderin (nur: "Kragen nähen konnte sie nicht", wie Frieda immer sagte. Sie hatte das Handwerk ja nicht erlernt sondern sich selbst beigebracht.) Sie feierte jedes Jahr ihren Hochzeitstag, als wenn ihr Mann noch leben würde - alle Dorfbewohner machten sich über diese Marotte lustig.

Und dann war da noch der Spanner, der von Herrn K. entdeckt wurde, als der seine Frau, die mit der großen Oberweite, beim Baden beobachtete. Am liebsten hätte er den Kerl mit bloßen Händen erwürgt; trotzdem beließ er es dabei, die Vorhänge im Bad zuzuziehen und die Polizei zu rufen. Aber bis die kam, hatte der Spanner natürlich schon längst das Weite gesucht. Herr K. kam in unsere Gaststätte, um das Ungeheuerliche zu berichten und zu telefonieren. Und alle Gäste waren natürlich gebührend empört. Vielleicht ärgerten sie sich auch nur darüber, dass sie selbst nicht auf die Idee gekommen waren, mal Frau K. zuzuschauen.

Zum Glück gab es auch 'Tante' Ilse, die als Mädchen aus der Kreisstadt Bad Kreuznach kam, zu Hitler's Zeiten im "Landjahr" im Dorf arbeiten musste, und in die sich zwei Männer (lustigerweise gleichen Familiennamens, aber nicht miteinander verwandt oder verschwägert) verliebten.
Das Haus des von ihr bevorzugten Mannes stand genau auf der Grenze zu einem Grundstück des abgewiesenen Bewerbers. Als dann im Haus eine Heizung und ein Bad eingebaut wurden, was für damalige Verhältnisse eine enorme Investition war (ich kannte damals kein anderes Haus in Steinhardt, in dem es Heizung gab), erlaubte der Abgewiesene nicht, dass das Bad normale Fenster mit Fensterläden bekam, da diese ja in sein Grundstück geragt hätten. Also mussten Glasbausteine eingebaut werden.

Ilse war die einzige, zu der ich immer mal wieder Kontakt hatte, auch nachdem mich Frieda ihres Hauses verwiesen hatte. Sie vertraute lieber ihrem eigenen gesunden Menschenverstand als dem Geschwätz meiner Mutter und der ihr Gleichgesinnten.

Riesengroß war das Gerede, als sich Ilse eine "Constructa", eine Waschmaschine angeschafft hatte. Nach Meinung der übrigen Dorfbewohner hatte sie sich da mächtig über den Tisch ziehen lassen. Sie bekam nämlich einen erheblichen Nachlass, weil sie sich bereit erklärt hatte, anderen potenziellen Käufern ihre Waschmaschine zu zeigen und über deren Arbeitsweise Auskunft zu geben. “Also - da kommen dann also wildfremde Leute - und Ilse lässt die auch noch rein - und zeigt ihre schmutzige Wäsche - ...” So ungefähr hieß es damals. Und wie schnell hatte man sich an solche Maschinen gewöhnt.

Zudem brauchte man nicht mehr, wie vorher, eine Waschfrau zu bezahlen, die - bei uns am Montag - bei der doch schweren Arbeit des Waschens half. Frieda hatte davon oft schrundige, tief aufgerissene Finger. Auch nicht gerade angenehm.

Ganz besonders reinlich sein wollende Nachbarn verstiegen sich dazu, des Samstags, wenn die Holzböden geputzt, frisch mit Bohnerwachs eingerieben und dann glänzend gebohnert worden waren, die Böden mit Zeitungspapier auszulegen, damit keiner ihre schönen frisch gewienerten Böden betreten konnte. Welch ein Schwachsinn!

In Bezug auf Fußböden war Frieda doch normaler. Natürlich legte sie Wert auf Ordnung und Sauberkeit, aber ... Wenn jemand meinte, bei ihnen wäre es so sauber, dass man vom Boden essen könne, fragte sie: “Ihr habt keinen Tisch?” Nicht, dass meine Leser nun glauben, Frieda hätte Humor besessen! Das hatte sie mal in einer ihrer geliebten Yellow-Press-Hefte in der Spalte “Ratgeber für’s tägliche Leben” - oder so - gelesen.

Aus der Familienchronik bzw. den Kirchenbüchern

Am 30. Januar 1620

✧✧✧✧✧✧✧

Seindt zum ersten aufgerufen worden Johannes Dickenschied und Else, Simons Lorenz Tochter.

Weil sie aber in Leibeigenschaft gewest, also hat Philipp Otto Römer, fürstlich sponheimischer Amtmann zu Dill, im Namen und vonwegen des Durchlauchtesten Hochgeborenen Fürsten und Herrn, Herrn Georg Wilhelm Pfalzgrafen bei Rhein, Herzog zu Bayern, Grafen zu Veldenz und Herrn Georg Friedrich Markgraf zu Baden und Hochgeborener Landgraf zu Lansenberg, Herrn zu Röttel und Badenweiler, sämtliche Grafen zu Sponheim, selbige die Leibeigenschaft mit 2 fl erlassen, laut Brief.

✧✧✧✧✧✧✧

Das Haus

✧✧✧✧✧✧✧

Nachdem das frühere Haus 1914 durch Brandstiftung zum Zwecke des Einbruchs in ein Anwesen am anderen Ende des Dorfes völlig zerstört worden war, wurde das Haus gebaut, in dem ich aufwuchs.

Über einem Gewölbekeller (vielleicht war der noch vom alten Haus übrig) lagen an der Vorderseite des Hauses, die ca. 15 m betrug (mit Stall/Scheune und kleinem Garten waren es 25 m), drei je 5 m im Quadrat große, hohe Räume, die durch Türen miteinander verbunden waren. Die Höhe von 3,50 m war damals für Gasträume vorgeschrieben. Dahinter, hinter dem ersten Raum, in dem sich die eigentliche Wirtsstube befand, gab es an der rechten Seite eine große Küche, in der normalerweise auch gegessen wurde. Links neben der Küche und hinter den vorderen Räumen entlang verlief ein Flur mit einem Treppenhaus.

Am anderen Ende des Flures war eine Speisekammer, die später dann Umbauarbeiten zum Opfer fiel.

Zum Hof hin gab es, von links nach rechts: Ein Zimmer, das in meiner frühen Kindheit als Gästezimmer genutzt wurde, daran schloss sich ursprünglich ein privates Wohnzimmer an, das später das Schlafzimmer meiner Eltern war.
Dieses Zimmer befand sich in der Mitte des hinteren Bereichs. Danach kam die Treppe, unter der sich eine Kammer für jedweden Krimskrams befand.

Von allen Zimmern gab es eine Tür zum Fur.

Zwischen Treppe und Küche verlief der Flur nach hinten; man konnte dort durch eine Tür und über eine Steintreppe in den Hof gelangen. Früher musste man das auch, denn die Toiletten befanden sich auf dem Hof bei den Ställen und der Scheune.

Von der Küche aus gelangte man über eine Treppe hinab in die sich anschließende Waschküche, von der aus man auch in den Hof kam. Es gab darin, neben der Treppe, einen gemauerten Herd für auswechselbare riesigen Kessel; einer war emailliert und früher wurde für die "große Wäsche" und auch für das Kochen am Schlachttag benutzt, der andere war aus Kupfer und wurde zum Kochen von Pflaumenmus, "Latwersch", verwandt.
In späteren Jahren wurde auf halber Treppe noch eine Toilette eingebaut. Die "Waschküche" behielt zwar ihren Namen, war dann aber nur noch ein Abstellraum; noch später wurde da dann der Heizungsbrenner eingebaut.

Das erste Stockwerk war zu Beginn meiner Erinnerungen nur zum Teil ausgebaut:

Über der Küche, also an der rechten Seite, zum Garten hin, war früher das Zimmer des Bruders von Frieda gewesen, der im 2. Weltkrieg gefallen war. Später, Anfang der 50er Jahre, wurde dieses Zimmer zu einem Bad umgebaut; damit vermied man, dass Flüchtlinge eingewiesen wurden.

Daneben lag das Schlafzimmer von Großmutter, und hinter diesem, an der rechten vorderen Eckwand des Hauses, das kleine Zimmer, in dem mein

Bruder und ich, später nur noch ich, schliefen. Um in dieses zu gelangen, musste man durch das Schlafzimmer der Großmutter. In diesem Schlafzimmer befand sich ein Alkoven, der aber nicht, wie eigentlich üblich, für das Bett genutzt wurde. In dem Alkoven war ein hohes Regal, auf dem Dinge, die nur sporadisch genutzt wurden, untergebracht waren, und davor hing ein bis fast auf den Boden reichender Vorhang. Manchmal standen dahinter Schuhe oder Stiefel. Und wenn ich durch das Zimmer zu meinem Zimmerchen musste und die Spitzen der Schuhe schauten unter dem Vorhang hervor, dann hatte ich eine Heidenangst, da könnte ein böser Mensch sich dahinter verbogen haben. Und ich lief wie gehetzt durch das Zimmer und die Treppe hinunter in die vermeintliche Sicherheit der Familie.

An der Vorderseite des Hauses gab es nur ein großes Zimmer, in dem gewöhnlich unsere Besucher untergebracht waren; später war dies mein erst-eheliches Schlafzimmer.

Der Rest des oberen Geschosses wurde erst Anfang der 50er Jahre ausgebaut, nachdem beschlossen worden war, Übernachtungen anzubieten.

Quer zur Waschküche, in den Hof hineinragend, befand sich die Schmiede, die früher von Friedas Vater und Bruder, in meiner Kindheit dann von einem Pächter betrieben wurde.

Darüber gab es einen Holzspeicher, der früher nur über eine Leiter zu erreichen war. Später wurde eine Treppe gebaut.

Die hintere Seite des Hofes schloss eine hohe Mauer ab, da das Nachbargrundstück höher gelegen war. An diese Mauer angelehnt wurde in meiner Kindheit dann eine Treppe zum Holzspeicher gebaut. Dabei kam auch die “08" wieder zum Vorschein, die nach dem Krieg in diese Mauer eingemauert worden war.

Über der Waschküche befand sich das Zimmer des Knechtes; eine Holztreppe auf Metallstreben entlang der Mauer der Schmiede führte zu einem ebensolchen Podest, von dem aus man in dieses Zimmerchen gelangte. Ich kann mich erinnern, dass dieses Zimmer in Zeiten ohne Knecht ein herrliches Refugium für uns Kinder zum Spielen war.

Und ich erinnere mich daran, obwohl das nicht zur Beschreibung des Hauses passt, dass mich in diesem Zimmer mal ein Junge so sehr ärgerte, dass ich ihm meine Puppe (es war die mit dem Gelbsucht-Gipskopf) so fest an seinen Kopf schlug, dass er eine Beule hatte, und der Kopf meiner Puppe in der Mitte gespalten war. Er wurde dann wieder geklebt - der Kopf meiner Puppe, wodurch sie auch nicht schöner wurde.

In den Keller konnte man nur vom Hof aus gelangen. Der vordere Teil hatte noch den ursprünglichen fest gestampften Lehmboden; der hintere Teil, in den man durch eine in einen Gewölbebogen eingelassene, meist verschlossene Tür gelangte, war in meiner frühen Kindheit mit einem Betonboden versehen worden. Dort befanden sich die Weinkelter, die Weinfässer und ein verschließbarer Drahtgeflecht-Schrank mit den Weinflaschen.

Links vom Wohnhaus, durch ein Hoftor getrennt, befanden sich Scheune und Ställe. Diese Gebäude wurden nach Aufgabe der Landwirtschaft Anfang der 60er Jahre dem örtlichen Gesangverein bzw. der Stadt Sobernheim auf 99 Jahre verpachtet.

Darin wurde ein Versammlungsraum bzw. Übungsraum für den Gesangverein eingerichtet. Früher waren die Proben des Gesangvereins in den hinteren Räumen der Gastwirtschaft abgehalten worden, und dort stand auch das Klavier, das ich dann auch malträtieren durfte/musste.

Anfang der 50er Jahre wurde das untere Stockwerk umgebaut. Die Wände zwischen den Zimmern wurden so weit wie möglich herausgerissen und fast zimmerbreite Türen eingebaut, die man bei Festlichkeiten, z. B. Karnevalsveranstaltungen, herausnehmen konnte, um so einen großen "Saal" zu erhalten. Lediglich der eine hintere Raum (Schlafzimmer meiner Eltern), der zum Hof hin lag, blieb erhalten.

Während der Sommerferien waren die neuen Gästezimmer viele Jahre lang mit Vollpension an zwei Familien aus Unna und Schwerte vermietet. Während des restlichen Jahres kamen meist Handelsvertreter und Lkw-Fahrer.

Ein bis dahin immer noch unausgebautes Zimmer, von dem aus man auf den Speicher gelangen konnte, wurde Ende der 50er/Anfang der 60er Jahre mein "Jugendzimmer" - und später meine Küche.

Nach Aufgabe der Gastwirtschaft entwickelte sich alles wieder zurück. Natürlich wurden die großen Türen belassen, aber Frieda verdeckte sie teilweise mit Vorhängen.

Aus der eigentlichen früheren Gaststube wurde eine Diele und dort wurde auch - wenn Besuch da war - an einem großen Tisch gegessen.
Das nächste Zimmer wurde zum Wohnzimmer. Darin standen dann auch

die aus Friedas Mitgift stammenden, für damalige Verhältnisse sehr modernen, geradlinigen Kirschbaum-Schränke.
Das dritte Zimmer wurde als Gästezimmer eingerichtet. Später wohnte darin mein Sohn.
Die ursprüngliche Speisekammer wurde zum Bad.
Und das Eckzimmer zum Hof war wieder als Gästezimmer eingerichtet, jedoch im Prinzip für meinen Bruder (und seine Frau) reserviert.

Das Haus hatte nach allen Umbauten eine Gesamt-Wohnfläche von 210 qm, jeweils 105 qm auf jeder Etage. Dazu kamen dann noch die Nebengebäude.

Die Zimmer der oberen Etage wurden Mitte/Ende der 70er Jahre an eine Familie aus Österreich vermietet, die ca. 20 Jahre darin wohnten. Bei DER Miete kein Wunder!

✧✧✧✧✧✧✧

Der standesbewusste Offizier

✧✧✧✧✧✧✧

Es wurde die Geschichte eines Vetters von Frieda erzählt, der Offizier war, und seinem Schwager, der nur einen Mannschafts-Dienstgrad hatte. Der Offizier war dermaßen arrogant und eingebildet, dass er seinen Schwager auch bei privaten Treffen (z. B. beim gemeinsamen Essen im Familienkreis) nur in der dritten Person anredete; also z. B.: "Reiche Er mir mal die Kartoffeln".

Dieser Offizier wanderte nach dem verlorenen Krieg mit seiner Frau (eine unangenehme Person, passend zu ihm sehr hochnäsig und von sich selbst eingenommen) nach Canada aus.

Als dann die Bundeswehr gegründet wurde, kamen sie wieder zurück. Er wurde wieder als Offizier angestellt, war bald Standort-Kommandeur im fränkischen Hammelburg. Wie üblich, wurde er zu Ende seiner Laufbahn noch mal befördert und auf die Hardthöhe versetzt.

Ob das derselbe war, von dem erzählt wird, dass er, als er neue, natürlich weiße! Handschuhe als Uniform-Accessoires kaufte, drei (???!!!) haben wollte, und auf die Frage nach dem Warum antwortete: "Einen zum Schlenkern", weiß ich nicht. Aber es würde passen.

✧✧✧✧✧✧✧

Die Familie(n)

✧✧✧✧✧✧✧

Es gibt ein Stammbuch bzw. eine Familien-Chronik der Familie mütterlicherseits, die bis ins Jahr 1575 zurückreicht (vorher existierten keine Kirchenbücher). Angeblich sollen Anfang des 16. Jh. die Vorfahren aus Graubünden eingewandert sein. Sie waren Zwinglianer und mussten wegen ihres Glaubens von dort weg und wurden von der Kurpfalz aufgenommen. Sie arbeiteten schon damals als Schmiede.

Entsprechend groß war die weitverzweigte Verwandtschaft, deren Zusammenhänge Frieda fast vollständig im Kopf hatte. Sie hielt auch mit den meisten der Verwandtschaft Kontakt.
Ich selbst bin als 13. Generation aufgeführt.

In den letzten beiden Generationen waren die Ehemänner von Großmutter und Urgroßmutter sehr früh verstorben und die Frauen hatten ein langes Witwendasein geführt. Und zumindest Großmutter und Frieda waren für ein anderes, “besseres” Leben erzogen worden, mussten dann aber doch den Betrieb zu Hause übernehmen. Im Fall von Frieda geschah dies durch den 2. Weltkrieg mit der Folge, dass ihr Bruder Otto, der ja mal den Betrieb übernehmen sollte, noch auf dem Rückzug aus Russland - sprich auf der Flucht - ums Leben kam.

Er wollte aus der Schmiede eine Kfz.-Werkstatt machen, er plante also zielgerichtet in die Zukunft, hatte sich wohl auf diesem Gebiet auch schon Kenntnisse angeeignet.

So kam es wohl auch, dass ich eine verbitterte Großmutter hatte, die dem Bild einer gutmütigen, liebevollen 'Oma' so gar nicht entsprach.

Friedas Bruder hatte jedenfalls das mit ihr gemeinsam: Auch er hängte sein Mäntelchen in den Wind. Es wurde erzählt, dass er, obwohl keiner Kirche (sondern der SS) angehörig, immer einen Rosenkranz bei sich hatte. Den hätte er, wenn er bei gläubigen Katholiken als Soldat einquartiert gewesen wäre, auf seinen Nachttisch gelegt. So hätte er sich bessere Behandlung und bessere Kost gesichert.

Großmutter arbeitete meist draußen auf den Feldern, in den Weinbergen und im großen Nutzgarten. Und wenn das im Winter nicht möglich war, sass sie übelgelaunt, Strümpfe strickend, im Haus, und Frieda bzw. später ich, mussten ihr die "fallen gelassenen" Maschen wieder "aufheben", denn ihr Augenlicht wurde nach und nach immer schlechter. Müßiggang war ein Fremdwort für sie.

Was mich aber als Kind besonders faszinierte, war, dass sie noch altmodische Leinenunterhosen mit handgearbeiteten Spitzen trug. Eine praktische Angelegenheit! Für keinerlei Tätigkeiten des Unterkörpers musste man sich entkleiden!

Frieda machte dagegen die Hausarbeit und ging nur während der Erntezeit, wenn auf den Feldern jede Hand gebraucht wurde, mit auf's Feld. Diese Arbeitsteilung ist auch durch einen Brief belegt, den ihr Bruder ihr aus Russland schickte; er wollte dafür sorgen, dass die beiden Frauen Hilfe durch einen Kriegsgefangenen erhielten.

Es musste ja auch ständig jemand zu Hause sein, da in der Gastwirtschaft immer einer nach dem Rechten schauen musste; obwohl da an Wochentagen tagsüber kaum mal etwas zu tun war; jedoch die Gaststätte während dieser Zeit zu schließen, das wäre niemandem in den Sinn gekommen. Das hätte ja ausgesehen, als ob wir es nicht mehr nötig gehabt hätten, zu arbeiten.

Diese Rollenverteilung bestand, wie gesagt, zumindest seit dem Krieg, als kein Mann mehr im Haus war. Es gab zwar später, wohl auf Betreiben des Bruders von Frieda, zeitweilig einen französischen Kriegsgefangenen, der in der Landwirtschaft mitarbeitete, aber der konnte ja auch nicht alleine alles machen; außerdem bedurfte dieser wohl auch der Beaufsichtigung (man konnte doch 'so einen' nicht alleine wirtschaften lassen).

Auch wir Kinder mussten zur Erntezeit mit aufs Feld, das war auf dem Land so üblich, oder ich betreute, als ich alt genug dafür war, während ich meine Schularbeiten machte, am Nachmittag die Gastwirtschaft.

Friedas Schwester, Herta, lernte ich erst kurz vor dem Tod der Großmutter 1970 kennen. Vorher bestanden mit ihr erhebliche Differenzen und auch danach war das Verhältnis zu ihr nicht herzlich.

Sie hatte sich 20jährig von einem Sobernheimer Geschäftsmann und Nazi, der sich wohl auch an jüdischem Eigentum bereichert hatte (was Frieda und ihre Mutter sicher nicht störte), schwängern lassen und heiratete ihn. Das alles ist auch in Briefen festgehalten. Eine ihrer Töchter hieß ursprünglich Ruth; da dies aber ein jüdischer Name war, erhielt sie dann später den Namen Hella. Sie zogen nach München, wo sie ein Haus in Schwabing erwarben (ob rechtmäßig oder ob das früher auch jüdisches Eigentum war, weiß ich nicht), jedenfalls wollten sie dort hin, wo sie näher am 'Weltgeschehen' waren.

Außer Ruth (Hella) gab es noch Waltraud, Ortwin und Sigrun.

Hella lernte nach dem Krieg einen Mann kennen, der ihren Eltern nicht zusagte; sie wollten mit allen Mitteln diese Verbindung verhindern. Hella und er wanderten daraufhin nach Canada aus. Ich lernte sie nie kennen. Nur die Mutter des Mannes, als mich Waltraud einmal mitnahm zu ihnen, als ich 1959 in München zu Besuch war.

Damals gab es ein Drama um Sigrun, gerade als ich zu Besuch bei Waltraud und ihrem Mann war. Neugierig? Gut, dann schweife ich noch ein bisschen ab.
Sigrun war verheiratet mit einem Handelsvertreter, sie hatten eine Tochter, Dagmar, geb. 17.09.1958. Sie war also im Sommer 1959 ca. 9 Monate alt. Sigrun war nicht glücklich in ihrer Ehe. Sie war eine junge Frau, wollte ab und zu auch mal ausgehen; aber ihr Mann, der beruflich die ganze Woche unterwegs war, wollte nur ein gemütliches Zuhause und eine liebevolle Frau (so sagte man). Sigrun war also unglücklich, sie wollte sich und ihre Tochter umbringen, drehte den Gashahn auf. Ihr Bruder Ortwin fand sie; sie überlebte, die Tochter war tot. Sigrun kam ins Krankenhaus, in U-Haft und wurde schließlich zu einer Gefängnisstrafe verurteilt.
Später arbeitete sie in Frankfurt a.M. als Sekretärin. Ich habe sie einmal getroffen, als sie Frieda in Steinhardt besuchte. Sicher suchte sie nach diesen Geschehnissen familiäre Zuwendung. Doch da war sie bei Frieda an die Richtige geraten!

Diese Schwester von Frieda, Herta, hatte den immer noch als vermisst geltenden Bruder für tot erklären lassen, um an ihr Erbe heranzukommen. Die Auszahlung dieses Erbes brachte meine Eltern in erhebliche finanzielle Bedrängnis.

Im Familien-Stammbuch steht auch, dass ein Verwandter aus Berlin, Oberarzt bei der Reichs ... Anstalt Berlin sich und seine Familie (Frau und Säugling, geb. 8.1.45) beim Einrücken der Russen vergiftete. In diesem Fall waren die Eltern tot, das Kind überlebte und wurde dann von einer Tante aufgezogen. Obwohl ich selbst auch noch die Sütterlin-Schrift lernte, sind diese Eintragungen manchmal schlecht zu lesen, besonders wenn sie von Frieda stammen, die eine richtige "Sauklaue" hatte.

So erzählte später mein Bruder, dass es in den Hotels, in denen er arbeitete, hieß: "Das kann niemand lesen - dieser Brief muss für Gernot sein!"

Die Geschichte der Familie meines Vaters ist nicht aufgeschrieben. Aber: Es gibt auf den Familiennamen ein Wappen mit Halbmond und Stern. Dieses Wappen wurde von August dem Starken seinem Leibarzt verliehen.

Die Schmiede war nach dem Krieg lange Jahre verpachtet an einen Herrn H., der mit seiner Familie nach der Flucht (?) aus den Ostgebieten in Steinhardt gestrandet war.

Meine Familie bewirtschaftete noch die Landwirtschaft und die Gaststätte. Großmutter brachte meinem Vater alles Wissenswerte bei.
Natürlich mussten zu Erntezeiten alle mithelfen. Nur für die Weinlese wurden noch zusätzliche Arbeitskräfte als Tagelöhner eingestellt.

Dagegen wurde zum Dreschen eine auswärtige Lohn-Dreschmaschine angemietet, die dann nach und nach im ganzen Ort das Korn drosch. Bei dieser Arbeit half man sich gegenseitig.

Wir Kinder wuchsen also zwischen Schule, Landwirtschaft und Gaststätte auf. Wobei besonders die Gaststätte Gefahren mit sich brachte, derer sich niemand damals bewusst war, die gleichwohl insbesondere im Fall meines Bruders noch weitreichende Folgen hatten: Alkoholkonsum. Sowohl meine Eltern als auch Gäste der Gaststätte fanden es - sagen wir mal - normal und unterhaltsam, wenn wir Kinder schon mal Bier oder Wein, oder auch härtere Sachen zu trinken bekamen. Wie gefährlich das war, wollte niemand wissen oder wusste es vielleicht zum damaligen Zeitpunkt auch nicht.

Meist fand während der "5. Jahreszeit" eine Fastnachts-Veranstaltung statt; mal war es eine kleine "Kappensitzung", die die Steinhardter mit Vorträgen gestalteten und anschließendem Tanz, mal nur eine Tanzveranstaltung oder ein Maskenball. Und wir Kinder immer mittendrin. Ich durfte schon von klein auf dabei mittanzen; als ich ganz klein war nahmen mich Leute auf den Arm, später dann lernte ich richtig tanzen. Frieda hatte das gleiche Schicksal wie viele Frauen und später ich: Im allgemeinen tanzen Frauen gerne, aber Männer sind meist leidenschaftliche Nichttänzer.

Zur Schule fuhren wir mit dem Bus, natürlich allein; kein Erwachsener hätte es sich einfallen lassen, seine Kinder zur Schule zu begleiten. Heutzutage wird um solche Dinge ein größerer Aufwand betrieben. Und wenn am Nachmittag kein Bus fuhr, liefen wir die 3 km nach Sobernheim und zurück zu Fuß bzw. ich blieb dann meist bei Schulfreundinnen.

Für "Privatleben" blieb wenig oder so gut wie keine Zeit. Wir Kinder, ich noch mehr als mein Bruder, hatten zu funktionieren. Für zwischenmenschliche Kontakte, liebevolle Zuwendungen usw. hatten unsere Eltern, und da besonders Frieda, keinen Sinn.

Oder ich möchte es einmal ganz drastisch ausdrücken: So wie eine Kuh oder ein Schwein oder eine Katze eine Aufgabe zu erfüllen hatte, und wenn sie der nicht mehr nachkommen konnte, "abgeschafft" wurde, so war es auch bei uns. Menschlichkeit war Frieda fremd.

In der Gaststätte wurde damals oft Skat gespielt. Auch Frieda und mein Vater spielten Skat (früher auch ihr Bruder), und wir Kinder wuchsen da hinein. Das mussten wir nicht extra lernen, das funktionierte nach dem Prinzip "Learning by Doing", wie es heute heißt. Auch noch nach Aufgabe der Gaststätte kamen die alten Spieler aus Sobernheim wöchentlich bei uns zum Skatspiel zusammen - quasi als Freundschaftstreffen. Bis sich diese Zusammenkünfte dann "mangels Masse" von selbst erledigten.

✧✧✧✧✧✧✧

Die ängstliche Frieda

✧✧✧✧✧✧✧

Frieda hatte eine Heidenangst vor Mäusen. Das wusste ich sogar schon als ganz kleines Kind.

Einmal, so wurde oft erzählt, fühlte sie sich nicht wohl und legte sich zu Bett. Und ich, damals so ca. 3 Jahre alt, soll zu ihr gegangen sein und gefragt haben: “Bist Du krank oder hast Du Mäus-Ängschd?”

Diese Angst blieb ihr. Als ich schon zum ersten Mal verheiratet war und im Obergeschoss meine Küche hatte, passierte es in der Vorweihnachtszeit, dass Frieda beim Plätzchenbacken war und eine Maus durch ihre Küche huschte.

Frieda packte all ihre Backzutaten zusammen und ging in meine Küche, um ihr Werk fortzusetzen. Sie wäre um nichts in der Welt an diesem Abend in ihrer Küche geblieben.

Aber kein Grund zum Lästern: Ich habe schon “gestandene Männer” gesehen, die wegen eines Siebenschläfers, der durch ein Lokal lief, auf Tische kletterten und ihre Hosenbeine zu hielten, aus Angst, das Tierchen könnte ihnen da rein klettern. So passiert im Schützenhaus in Bingen. Der damalige Vereinspräsident war der erste, der oben war!

Allgemeine Lebensbedingungen nach Kriegsende und in den 50er Jahren

Wie ich auch an anderer Stelle schrieb, waren wohl schon zu Kriegszeiten Verwandte aus Städten zu denen auf dem Land geflüchtet, da es dort zum einen sicherer, andererseits auch die Versorgung besser war. Wenn auch natürlich kein Schlaraffenland.
Es wurde ja Landwirtschaft betrieben, und es gab einen großen Nutzgarten, also war für das tägliche Essen gesorgt. Normalerweise wurden auch Schweine gehalten, aber ich weiß nicht, wie dies direkt bei Kriegsende war. Ich kenne es so, dass - glaube ich - zweimal im Jahr ein Schwein geschlachtet wurde. Dazu kam ein Metzger aus Sobernheim, der sich auf Hausschlachtungen spezialisiert hatte; an einem Tag wurde das Schwein geschlachtet - ich erspare sensiblen Lesern hier die Einzelheiten, und am nächsten Tag wurde das Schwein dann verarbeitet. Meist zu Wurst und Schinken, ein Großteil des Fleisches wurde entweder eingeweckt oder in Dosen eingekocht, oder eingesalzen.
Das mit dem Tiefgefrieren kam erst später.

Ich nehme an, dass das Schlachten bei uns terminlich auch mit der jährlichen "Großveranstaltung" in der 5. Jahreszeit abgestimmt wurde, denn ich weiß, dass dann Schnitzel, direkt bei Frieda in der Küche am großen Tisch gegessen, DER Renner waren.

Zugekauft an Wurst oder Fleisch wurde so gut wie nichts, das konnten wir uns nicht leisten. Auch wenn ich diese Hausmacher Wurst überhaupt nicht

mochte, denn sie erinnerte mich an den Geruch nach Schlachten und Wursteln, der sich lange im Haus hielt, und den mochte ich nicht, den konnte ich nicht riechen. Und überhaupt nicht mochte ich die “Wurstsuppe” oder “Metzelsuppe”.
Nach jeder Schlachterei aber wurden wir Kinder mit Suppe und Würsten zu ärmeren und alten Leuten im Dorf geschickt.

Einzige Ausnahme: Für das Heiligabend-Abendessen leisteten sich meine Eltern Fleischsalat und Kochschinken für die Familie, die in einem Feinkost-Geschäft in Sobernheim gekauft wurden, dazu gab es (nur an diesem Abend) eine Kanne Schwarzen Tee. Vater bekam als Weihnachtsgeschenk immer ein kleines Stück Räucher-Aal, das er großzügigerweise noch mit mir teilte; also hatten wir beide dann etwas “für den hohlen Zahn”.

Unsere Hühner waren für Brathähnchen nicht (mehr) geeignet, dafür waren sie zu alt, wenn sie geschlachtet wurden. Die kamen alle in den Suppentopf. Aber in jedem Frühjahr gab es Zicklein. Meist waren es zwei, die die Ziege warf. Kurz vor Pfingsten wurden wir Kinder mit den Kleinen fotografiert - und an Pfingsten kamen sie dann auf den Mittagstisch.

Obwohl wir eine Gaststätte hatten, waren Limonade und ähnliche Dinge für uns Kinder streng limitiert: Jeden Sonntag durften wir uns eine kleine Flasche à 0,2 oder 0,25 l teilen!

Wochentags musste Pfefferminztee von Minze aus dem Garten oder Muckefuck, die immer in großen Kannen am Rand des Ofens oder Herdes standen, reichen.

“Richtigen” Bohnenkaffee gab es natürlich auch nur ganz selten, und nur für die Erwachsenen.

Kleidung für Frauen und Kinder wurde nicht gekauft, dafür kam eine Schneiderin je nach Bedarf ein paar Tage ins Haus. Die einfache Näherin aus dem Dorf für Schlafanzüge, Kleidchen, Schürzen usw. Wenn es aber mal einen Mantel gab, dann kam eine bessere Schneiderin.
Der Stoff zu all diesen Kleidungsstücken musste nicht unbedingt neu sein, oftmals wurde alte Kleidung von Erwachsenen für Kinder umgearbeitet. Auch meine erste lange Hose, die ich 1956 bekam, wurde aus einer schwarzen Hose des schon lange verstorbenen Großvaters gefertigt. Warum ich das Jahr so genau weiß? Ich weiß, dass ich diese Hose während des Ungarn-Aufstandes bekam.

Arbeitskleidung für Männer wurde wohl fertig gekauft; Anzüge wurden vom Schneider gefertigt.
Diese waren auch Bestandteil des “Arbeitsvertrages” mit einem Knecht, dem zugesagt wurde, so und so oft einen Anzug zu bekommen.

Ich weiß nicht, wann wir einen Telefonanschluss bekamen, jedoch lange vor dem Fernsehgerät. Mein Vater war ein Technik-Freak, wie man heute sagen würde.
Natürlich kamen dann viele Nachbarn zum Telefonieren zu uns. Alles wurde genau in einem Heft notiert: wer - wann - wohin - wie lange. Manche zahlten gleich, die meisten später, manche leider sicher auch gar nicht.

Das Fernsehgerät bekamen wir im September 1953, am Samstag der Kirmes in Oberstreit, einem Nachbarort, die früher bis zu den Zeiten meiner

Großeltern mit einem Zelt beschickt wurde, das aber beim Brand des alten Hauses 1914 mit verbrannte und aus Kostengründen nicht neu angeschafft wurde bzw. werden konnte; zumal die vorhandene Gebäudeversicherung wohl unzureichend war, wie ich aus Erzählungen weiß. So kam es auch, dass die von der Versicherung gezahlte Geldsumme nicht ausreichte, um für alle Gebäudeteile lange gelagertes Holz zu kaufen. Gutes Holz wurde daher nur für Stall, Scheune usw. verwandt, das weniger gute für das Wohngebäude, das dann im Laufe der Zeit weiter arbeitete und z. B. die Böden verzog.

Es gab damals nur ein Fernseh-Programm, und es wurde nur stundenweise gesendet. Aber alle waren so begeistert (natürlich allen voran mein Vater), dass der Kasten fast den ganzen Tag lief - und alle sich das Testbild anschauten, ein sehr abwechslungsreiches Programm - fast so wie heute auch!

✧✧✧✧✧✧✧

Arztbesuch

Eine Kuh war krank, hatte ein dickes Bein. Also wurde der Tierarzt gerufen.

Der Knecht war auch krank, er hatte ein dickes Fußgelenk, weil ihm bei der Arbeit etwas drauf gefallen war.
Arztbesuch? Natürlich nicht!

Für die Kuh verordnete der Tierarzt Umschläge mit Rivanol.

Da der nun schon mal da war, konnte man ihn auch wegen des Fußes des Knechtes konsultieren.

Der bekam auch Rivanol-Umschläge.

Beide überlebten.

Die Eltern

Mein Vater Herbert Oehme

✧✧✧✧✧✧✧

Mein Vater stammte aus Sachsen, aus Heidenau, ein paar Kilometer südlich von Dresden. Er kam kurz vor dem 2. Weltkrieg als Soldat mit seiner Kompanie nach Steinhardt; sie lagerten auf der großen Wiese gegenüber dem Haus; so lernten sich meine Eltern kennen. Obwohl sie also unterschiedlicher nicht hätten sein können (mein Vater war Sozialdemokrat, Frieda Nazisse), verliebten sie sich ineinander. Die Hochzeit war eine Kriegstrauung.

Ursprünglich war vorgesehen, dass sie einmal in Dresden oder Heidenau ansässig würden. Denn Friedas Bruder Otto sollte ja den elterlichen Betrieb übernehmen. Leider änderte sich alles im Zuge der Unternehmungen des "Führers", und leider nicht zum Guten.

Mein Vater war als Soldat in Polen und in Frankreich; dort kam er in amerikanische Kriegsgefangenschaft, aus der er Ende 1947/Anfang 1948 entlassen wurde. Jedenfalls kam mein Bruder kurz vor Weihnachten 1948 zur Welt.

Ob er wirklich auch mein biologischer Vater war, erscheint mir manchmal recht zweifelhaft. Denn: Ich wurde Ende März 1945 geboren, müsste also Ende Juni/Anfang Juli 1944 gezeugt worden sein. Aber am 6. Juni 1944 begann die Invasion der Alliierten in Frankreich. Und ob man in dieser Zeit einen Soldaten hätte in die Heimat reisen lassen, erscheint mir doch recht fraglich. Zumal mir auch nichts von einer Verletzung bekannt ist, die er vielleicht hätte auskurieren müssen.

Sein erster Weg nach der Entlassung aus der Kriegsgefangenschaft führte meinen Vater zu seiner Frau und nicht zu seiner früheren Meldeadresse in Heidenau; dies wurde ihm auch, als er bei der Waldböckelheimer Gemeindeverwaltung sich anmeldete, gleich zum Vorwurf gemacht, wie ich aus Erzählungen weiß ("Warum gehen Sie nicht dahin, wo Sie hingehören?").

Meine erste Begegnung mit ihm war eher unglücklich. Immer war mir gesagt worden: "Das da auf dem Bild (das in der Küche hing), das ist dein Vater." Wie hätte ich 3jähriges Kind das richtig begreifen können? Als man mir dann sagte, dass dieser Mann, der da in natura vor mir stand, mein Vater sei, soll ich das vehement abgestritten haben und auf das Bild gezeigt haben: "Nein! Das da ist mein Vater!" Und ich handelte mir damit eine Ohrfeige von meinem Vater ein. Dessen Enttäuschung über mich war sicher in diesem Moment auch groß.

Aber: Mein Vater war mir ein überaus guter Vater, wenn man mal von einer kurzen Zeit absieht, während der er krank und unleidlich war. Er kümmerte sich um mich und mein Wohlergehen, und ohne ihn wäre mir vieles nicht vergönnt gewesen.

Er blieb bei seiner Frau, lernte von seiner Schwiegermutter die Landwirtschaft und den Weinbau und arbeitete fortan wie ein ganz normaler Landwirt, auch wenn ihm nichts von alledem gehörte.

Man könnte auch böswillig sagen, dass er der Knecht seiner Frau und seiner Schwiegermutter war.

Klar war, dass er zeit seines Lebens SPD wählte, und seine Frau tat das auch zu seinen Lebzeiten (denn "das macht 'frau' so"), aber danach ...

Es gab auch einen Knecht, an den ich mich so gut wie gar nicht mehr erinnere; an den nächsten dagegen um so besser bzw. schlechter.

Außerdem gab es mal eine kurze Zeit lang eine Magd, die wohl in einem verwandtschaftlichen Verhältnis zu unserer Familie stand, und die von ihrer Familie für eine Weile weggeschickt worden war. Wahrscheinlich hatte sie ein unerwünschtes Liebesverhältnis, da griff man damals schon mal zu solchen Mitteln.
Aber dann fing sie während ihres Aufenthaltes bei uns wohl wieder ein Techtelmechtel an, so dass sie auch bei uns nicht bleiben konnte.

Vater war ein extrovertierter Mensch, der schnell Kontakt zu anderen fand. Doch im Ort war er immer nur ein "Zugereister", und so kam es wohl, dass er sich in der Gemeinschaft mit besonderen Taten für diese etablieren wollte.

So initiierte er für den örtlichen Gesangverein eine Sammlung zur Anschaffung einer Vereinsfahne. Er sammelte Geld dafür, was wohl manchmal sehr viel Überredungskraft kostete, denn Bauern und kleine Geschäftsleute trennen sich nicht gerne von Barem, na gut - andere auch nicht.
Aber es gelang ihm letztendlich. Und mit einem Riesenbrimborium mit

Sängerfest und Umzug durch den Ort mit "Ehren-Jungfrauen" (sowas gab es damals noch!) und einem lange einstudierten Tanz derselben wurde die Fahne geweiht.

Ich glaube, dass er durch sein extrovertiertes Wesen wie geschaffen war für den Teilzeit-Beruf eines Gastwirtes. Nur eines ärgerte ihn: wenn jemand bis in die Nacht hinein vor einem einzigen Glas Wein (oder Bier) sass, dummes Zeug schwätzte und ihn damit vom wohlverdienten Schlaf abhielt.

Zudem war er sicher einer der ersten, der einem sehr hochnäsigen Gast, dem der Wein aus der nicht-etikettierten Flasche nicht schmeckte, dieselbe dann nochmals servierte - dieses Mal mit einem Etikett versehen, und auf einmal erschien dieser Wein dem Gast als ein köstliches Gesöff.

Er war auch zumindest Mitinitiator eines Kühlhauses im Dorf, das einen Kühlraum für die hausgeschlachteten Tiere hatte, wo diese auch zerlegt und weiterverarbeitet werden konnten, und in dem sich die Dorfbewohner Tiefkühlfächer mieten konnten.

Irgendwann stellte ich mit Erstaunen fest, dass mein Vater sogar Fanfare blasen konnte. Am Sonntagmorgen war Training für die freiwillige Feuerwehr, wozu mit der Fanfare gerufen wurde. Der "Rufer", Bläser stand gegenüber von unserem Haus, und es muss sich schrecklich angehört haben! Mein Vater ging zu ihm, nahm ihm die Fanfare weg und blies das Signal richtig.

Was ihm nicht gelang, war die Errichtung eines Gedenksteins für die Gefallenen des Ortes. Er hatte wieder Geld gesammelt, unter Mithilfe eines

Steinmetzes einen Stein gefunden, einen Findling, ihn auch schon auf den kleinen örtlichen Friedhof schaffen lassen. Und da stand er nun über Jahre, denn das gesammelte Geld reichte wohl nicht aus, um den Stein weiter zu bearbeiten. Schließlich bekam er einen Bescheid der Gemeindeverwaltung, dass der Stein innerhalb von soundsoviel Tagen oder Wochen wegzuschaffen sei, da er nicht die Erlaubnis zur Aufstellung desselben hätte.

Das war's dann. Seitdem kümmerte er sich nicht mehr um gemeinnützige Dinge.

Als der Steinmetz meinem Vater diesen Findling zeigte, durften mein Bruder und ich mitfahren in den Wald, wo er lag (ich weiß nicht mehr in welchem Wald das war). Es war tiefer Winter, alles war verschneit. Wir beiden Kinder mussten im Auto warten; die beiden Erwachsenen stapften los. Und es dauerte und dauerte und dauerte, uns Kindern erschien die Zeit, die wir warten mussten, endlos lange. Wir malten uns die unmöglichsten und schrecklichsten Dinge aus, die den beiden geschehen sein könnten und fragten uns, was denn aus uns werden würde; und wir weinten bitterlich. Wie glücklich wir waren, als beide wieder zurück kamen!

Doch trotz all seiner Bemühungen blieb er zeitlebens im Ort der "Mann von Venter'sch Frieda", obwohl es ja normalerweise so war, dass die Frau dem Mann zugeordnet wurde. Aber dagegen konnte er nicht ankommen, er war ein Zugereister, Eingeplackter, einer, dem nichts gehörte.

Von meinem Vater Herbert habe ich früh gelernt: "Egal welcher Nation jemand angehört oder welche Hautfarbe bzw. Religion jemand hat: Alle Menschen sind gleich, überall gibt es Gute und Böse." Und danach handele ich bis heute und sicher auch bis an mein Lebensende.

Diese Erkenntnis brachte er aus seiner amerikanischen Kriegsgefangenschaft mit, während der er selbstverständlich auch in Kontakt kam mit farbigen amerikanischen Soldaten. Einer davon kam sporadisch immer mal wieder in unsere Gaststätte; bei seinem letzten Kommen konnte ich ihm nur noch von Herberts Tod berichten.

Mein Vater war ein begeisterter Besucher des Jahrmarktes in Bad Kreuznach, einem großen Volksfest, aber auch jeder kleinen Kirmes. Denn: Er liebte jede Art von Karussell. Am liebsten war ihm aber wohl das Kettenkarussell. Ich erinnere mich noch daran, wie wir Beide auf der Kirmes in Langenlonsheim, wo meine zweiten Schwiegereltern wohnten, Kettenkarussell fuhren und großen Spaß dabei hatten, während Frieda daneben stand und jammerte: "Herbert!!! Was sagen denn die Leute!?" - Was Herbert sch...egal war. Im Zweifelsfall freuten sie sich mit ihm über seine Lebensfreude.

Mein Vater brachte mir das Fotografieren bei und erklärte mir genau und anschaulich die Sache mit der Belichtungszeit und der Blende. Ich habe das nie mehr vergessen. Viele haben damit ja Probleme und können oft nicht verstehen, wieso eine kleine Blendenzahl eine große Öffnung derselben bedeutet. Herbert erklärte es mir vorbildlich!

Auch Schach lernte ich von ihm. Allerdings brachte ich es dabei nie zu größeren Leistungen. Sicher fehlte es auch an Gegnern.

Wie schon erwähnt, war die Höhenlage Steinhardts eher wenig geeignet zum Weinanbau. Und so kam es, dass immer wieder Mai-Fröste auftraten, die die Weinstöcke schädigten. Da wir in unserer Gaststätte normalerweise nur Wein aus eigenem Anbau ausschenkten, belastete der Zukauf von Wein natürlich enorm den Haushalt. Und mein Vater war kein guter Geschäftsmann und tat sich schwer damit, den Verkaufspreis zu erhöhen.

Also kam es zu einer immensen Ausgabe: Er kaufte "Öl-Öfen" für die Weinberge, zumindest für einige. Des Nachts kontrollierte er dann stündlich das Thermometer; und bei Bedarf ging er in die Weinberge und zündete die Öfen an, um zumindest einen Teil der zukünftigen Ernte zu retten.

So kam es durch kalte Witterung auch einmal während meiner Kindheit zu einem einmaligen Phänomen: Der Traubenmost weigerte sich zu gären. So kalt war es sogar nach der Weinlese im Herbst in unserem alten Gewölbekeller. Vater fuhr deshalb nach Bad Kreuznach zur "Weinbauschule", erhielt dort Hefen, um dem Most einen Schub zu geben. Diese Hefen wurden erstmal mit wenig Most in einer 1 l-Flasche hinterm Ofen zum Gären gebracht, als das gelungen war, in eine 3 l-Flasche mit Most umgefüllt, und dann ... in ein kleines Fass im Keller - und nichts passierte mehr. Vater musste also wieder zur "Weinbauschule", Nachschub holen.
Irgendwann aber, ich glaube beim dritten oder vierten Versuch, klappte es dann.
Und an Silvester hatten wir endlich "Federweißer" (Rauscher, Bitzler, oder wie er sonst noch heißt). Und jeder wollte davon trinken - klar! Ist ja auch eine Rarität.

Er tat also alles, um die "Firma" am Laufen zu halten. Dazu gehörte auch, dass er schon im Herbst 1953 ein Fernsehgerät anschaffte, für den enormen Preis von 1200 DM! Ich werde darüber noch später ausführlich berichten.

Als Reminiszenz an seine alte Heimat Sachsen kaufte er sich irgendwann ein Paar gebrauchte Ski. Es waren so richtig altmodische, aus Holz, mit einer ganz einfachen Bindung. Leider kam er zu selten dazu, damit durch Wald und Feld zu gleiten. Oft liehen wir Kinder sie uns aus, obwohl sie für uns natürlich viel zu lang waren, und wir rutschten damit kleine Hügel hinunter.

Meine Rollschuhe wollte er natürlich auch selbst ausprobieren, mit denen ich im Winter durch den langen Hausflur bis in die hinteren, selten genutzten Räume fuhr. Denn "früher war ich ein guter Rollschuhläufer", früher! Jedenfalls verschwand er um die Ecke des Flurs, und dann tat es einen Schlag - und ich hörte einen "Sch..."-Ruf - und Herbert konstatierte, dass die Rollschuhe einfach so weggefahren waren, ohne seinen Körper, nur mit seinen Beinen - er versuchte dieses Kunststück kein zweites Mal.

Mein Vater hatte eine unnachahmliche Art, Kindern - und Erwachsenen - gutes Benehmen beizubringen. Wenn jemand, egal wer, die Haustür öffnete und ohne die Tageszeit zu entbieten, hereinkam, kam unweigerlich von Herbert die Bemerkung: "Geh' wieder raus und komm' dann nochmal rein!" Und das so oft, bis der-/diejenige grüßte. Ob so etwas auch heutzutage noch eine Wirkung zeitigen würde, ist eher zweifelhaft.

Wie schon gesagt: Steinhardt hatte gar nichts; keine Kirche, keine Schule, keinen Kindergarten, nichts. Und wenn Polizei gebraucht wurde, musste sie von Sobernheim geholt werden (wenn die Polizisten nicht gerade "außerhalb" - sprich: in einer Kneipe - zu tun hatten). Es kam des öfteren vor, dass an ihrer Bürotür ein Zettel hing: "In dringenden Fällen bitte ... (in einer Kneipe) melden".

Doch manchmal und unerwartet gingen sie auch ihrer Pflicht nach. Und so geschah es eines Nachts, dass sie in unserer Gaststätte auftauchten, als die "Polizei-Stunde" schon lange geschlagen hatte. Einer der Polizisten meinte: "Lassen Sie doch bitte die Kirche im Dorf, Herr Oehme." Worauf mein Vater schlagfertig entgegnete: "Wir haben keine Kirche in Steinhardt, Herr ...." - "Sie wissen schon, was ich meine, Herr Oehme."

Herbert sorgte auch dafür, dass die Eltern sich zumindest einen Tag im Jahr frei nahmen und die Gaststätte tagsüber schlossen, um mit uns Kindern einen Ausflug zu machen. Sei es nach Bad Münster am Stein, sei es zum Niederwald-Denkmal oder nach Niederheimbach zum Märchenwald (wo er auf der Rückfahrt mit dem Schiff von Niederheimbach nach Bingen seinen Fotoapparat liegen ließ, ihn aber dann doch wieder bekam).

Ich erinnere mich auch an einen Tag, als wir zuerst gemeinsam zum Zahnarzt gingen. Er ließ sich einen Zahn ohne Betäubung ziehen, und ich ...? Das weiß ich nicht mehr. Anschließend gingen wir gemeinsam ins Kino. Es wurde ein Film über die Zerbombung von Dresden gezeigt. Mein Vater hatte sich zwei Reihen hinter mir hingesetzt. Während der Filmvorführung drehte ich mich einmal zu ihm um ... und sah ihn weinen.

Ich weiß nicht mehr, ob es 1960 oder 1961 war, dass er für die anstehende Fastnachtsveranstaltung am 09. Januar sich aufmachte nach Sobernheim, um für diese Veranstaltung Rosemarie Schwab zu engagieren. Später änderte sie ihren Namen in Mary Roos. Ihre Eltern betrieben kurze Zeit eine Gaststätte in Sobernheim, und sie ging in die gleiche Schulklasse wie mein Bruder. Herbert ging also zu ihnen und fragte. Und sie kam, an diesem ihrem Geburtstag, zusammen mit ihrer Schwester, die sich später Tina York

nannte.
Das war doch mal ein Aufhänger für diese jährliche Veranstaltung! Rosemarie bekam als Honorar einen Präsentkorb, und alle waren's zufrieden.

Später in den 60er Jahren hatte (fast) jeder selbst einen Fernsehapparat im heimischen Wohnzimmer stehen, die Gasthaus-Umsätze sanken, die Verbindlichkeiten blieben jedoch die gleichen, und mein Vater entschloss sich, eine Arbeit anzunehmen. Erst arbeitete er bei einem Bauunternehmen, dann in einer Gesenkschmiede am Schmiedehammer.

Als sich herausstellte, dass sein Arbeitsentgelt doppelt versteuert werden musste (einmal regulär als lohnsteuerpflichtiges Entgelt, außerdem noch einmal mit den Umsätzen der Gaststätte), wurde die Gaststätte geschlossen, die Felder wurden verpachtet, die letzten Tiere abgeschafft. Das veranlasste meine Großmutter zu der Aussage: "Was sind wir doch arm geworden; noch nicht einmal ein paar Hühner können wir ernähren."

Ende 1963 hatte mein Vater seinen ersten Herzinfarkt. Er hatte an einem Sonntagabend Schmerzen in der Brust, zum Glück wusste meine Mutter, dass ein prakt. Arzt aus Sobernheim einen seiner Steinhardter Patienten noch am Abend besuchen wollte und rief dort an. Mein Vater musste ins Krankenhaus nach Sobernheim, danach zur Reha nach Bad Münster am Stein. Alle Ärzte wollten, dass er aufhört zu arbeiten, aber das wollte er nicht. Er wollte seine Rente aufbessern und seine Frau besser versorgt wissen.
Er musste lange Zeit zu Hause bleiben. Er verkraftete das Nichtstun absolut nicht und war oft sehr unleidlich. Das besserte sich, als er wieder

arbeiten konnte. Und er war mir dann später eine große Stütze in meiner verzweifelten Lage.

Im Zuge der Untersuchungen im Krankenhaus wurde ein Diabetes bei ihm festgestellt. Ich weiß nicht, ob man es damals schon wusste, jedenfalls weiß man heute, dass wohl der Diabetes schon länger unentdeckt bei ihm vorhanden war, und dass der Herzinfarkt eine Folge des Diabetes war. Leider ging er sehr unachtsam mit dieser Erkrankung um. Außerdem waren die Möglichkeiten der Behandlung dieser Krankheit noch nicht so weit fortgeschritten wie heute, so dass der weitere Verlauf der Erkrankung damals wohl unausweichlich war.
Jedenfalls habe ich diese Krankheit von ihm geerbt - und ich achte sehr darauf.

Ab 1967 wohnte ich nicht mehr in Steinhardt. Ich sah meinen Vater nicht mehr so oft.
Er erlitt einen zweiten Herzinfarkt - und wieder rieten ihm alle Ärzte, nicht mehr zu arbeiten, aber er wollte das nicht, und er hörte nicht auf die Ärzte.

1974 erhielt ich vom Vater meines zweiten Mannes einen Anruf an meinem Arbeitsplatz: Mein Vater war gestorben. Und Frieda hatte ihn angerufen, damit er es mir sagt. Komisch? Sicher. Mein Schwiegervater rief auch meinen damaligen Mann an, der bei der gleichen Firma arbeitete. Mein Chef beurlaubte mich ohne Zögern auf unbestimmte Zeit.

Erst nach und nach erfuhr ich die näheren Umstände seines Todes. Mein Vater klagte wohl schon am Vorabend und die ganze Nacht über höllische Schmerzen in der Brust - trotzdem rief Frieda erst am nächsten Morgen einen Arzt. Und da konnte niemand mehr etwas für ihn tun.

Man hätte Frieda wegen unterlassener Hilfeleistung anklagen sollen. Aber wie schon gesagt: Ich erfuhr dies im Detail erst Jahre später. Kein Wunder, dass sie mich nicht selbst anrief!

Doch ich weiß eines: Jemand ist erst dann wirklich tot, wenn keiner mehr an ihn denkt. Das werde dann wohl ich sein, der ihn einmal mit meinem Tod sterben lässt, denn ich weiß nicht, ob mein Sohn noch an ihn denkt.

Mein Bruder, die Schulprüfung und die Fahrer der Brauerei

✧✧✧✧✧✧✧

Mein Bruder war im Gegensatz zu mir kein musischer Mensch, aber diese Anekdote erzählte er selbst immer wieder gerne:

In der Volksschule stand ein Prüfung im Fach "Musik" an: Die Kinder mussten einzeln nach vorne zum Lehrer und ein Lied singen. Für meinen Bruder ein schwieriges Unterfangen. Aber er wusste sich zu helfen. Er sagte zum Lehrer: "Fangen Sie mal an, und ich steige dann ein."

Einmal in der Woche kamen die Leute von der Brauerei, um Nachschub zu liefern. Gewöhnlich kam der mit dem Namen Jakob ins Haus und holte den Kellerschlüssel. Einmal war sein Kollege schneller. Und Gernot sagte zu Jakob (im Dialekt "Jaab"), als der nach dem Schlüssel fragte: "De anner Jaab hott de Schlissel." Er meinte, dass alle Bierfahrer Jakob heißen würden.

✧✧✧✧✧✧✧

Die Eltern

Frieda, meine Gebärerin

✧✧✧✧✧✧✧

Frieda und ihre Mutter waren, wie wohl alle im Ort, überzeugte Nationalsozialisten gewesen, was auch ihre Notizen anlässlich eines Berlin-Besuchs belegen. So wie heute Teenager ihren Popstars nachreisen, so machte sie "Jagd" auf Nazi-Promis.

Als gute Nazisse durfte sie mit "Kraft durch Freude" mit dem Schiff nach Norwegen. Und amüsierte sich köstlich, was Bilder mit Schiffsoffizieren belegten.

Frieda war eine Frau voller falscher Prinzipien, die sich vor allem danach richtete was "man" tat oder nicht tat, und danach was "die Leute" wohl denken und sagen. Darüber hinaus handelte sie nach dem Motto "Nach oben buckeln, nach unten treten". Menschlichkeit war für sie ein Fremdwort; Tierliebe sowieso: Wenn Tiere zu nichts nütze waren, dann waren sie unnütze Fresser.

So durfte ich auch nicht mit diesem Fehltritt-Kind, das Schwiegervater und Schwiegertochter miteinander gezeugt hatten, spielen. Aber als dieses Mädchen dann in späteren Jahren eine "gute Partie" machte, in Steinhardt ein Haus baute und wohlgeratene Kinder hatte, da wurde sie immer wieder lobend und beispielhaft erwähnt. Und sicher wäre Frieda ganz erstaunt gewesen, wenn man sie auf ihre frühere Einstellung angesprochen hätte. Wahrscheinlich hätte sie es sogar abgestritten.

Viele Ihrer Meinungen und Handlungen basierten auch auf ihrer Meinung, dass wir "etwas Besseres" seien als manch andere Leute. Das reichte bis zu Essensvorschriften: Wir hatten es nicht nötig, Zuckerrübensirup zu kaufen, denn wir hatten ja Obst im eigenen Garten und damit eigene Marmelade. Dass ich ab und zu mal gerne Zuckerrüben-Sirup gegessen hätte, interessierte sie nicht. Wir taten das nicht, das taten nur arme Leute, punktum! Aus dem gleichen Grund durfte ich auch z. B. kein Leitungswasser trinken.

Aber wir wissen ja alle: Das, was verboten ist, mag man besonders gerne. Ich aß und trank diese Sachen dann bei Nachbarn, die nicht so borniert waren.

Andererseits profitiere ich auch bis heute (so hoffe ich wenigstens) davon, dass sie aus mir eine "höhere Tochter" machen wollte. Denn sie achtete auf gutes Benehmen, darauf, dass ich mich bei Tisch gut benehmen konnte, usw.

Sie machte mir schon früh klar, dass z. B. ein Gericht, das ich zu Hause gerne esse, bei anderen Leuten ganz anders schmecken kann. Dass ich mir also nicht gleich den Teller vollladen, sondern erst mal probieren solle, wie es zubereitet ist.

Oder sie erklärte mir, dass bei Leuten, die in der Stadt wohnen, die Bekleidungsgewohnheiten andere seien als bei uns auf dem Land, wo man eben Werktags-Kleidung und Sonntags-Kleidung hat. Dass man sich andererseits in der Stadt seine Kleidung je nach Vorhaben aussucht.

Dass ich schon früh mit Messer und Gabel essen konnte, und dass ich auch wusste, wozu man eine Serviette benutzt, ist wohl selbstverständlich.

Indessen sehe ich bzw. habe bei meinen Enkeln gesehen, dass ein solches Betragen eben nicht selbstverständlich ist; denn meine Schwiegertochter legt da keinen Wert darauf. Schade für meine Enkel.

Sie war aber auch bis zu ihrem Tod (so denke ich) sehr, sagen wir mal, deutsch-national. Sie hatte gelernt, dass die Franzosen der "Erbfeind" sind - und dabei blieb sie. Und als mein zweiter Mann Hans B. und ich sie nach dem Tod meines Vater einmal (und nie wieder) mitnahmen zum Urlaub in Südfrankreich, kam es in Beaune in Burgund in einem Bistro zu folgendem Dialog mit ihr:

Frieda: "Komisch, wenn die Leute hier nicht anders reden würden als zu Hause, würde man gar nicht merken, dass man in Frankreich ist."
Daraufhin ich: "Was dachtest Du denn, wie die Leute hier aussehen? Grün-gelb kariert?"
Frieda: "Hmm. Ihr wäret wohl gute Franzosen." Das war die größte Missbilligung, die sie von sich geben konnte.

Ich hatte wohl schon als Kind ein gutes Gefühl für ihre Nicht-Menschlichkeit. Denn wenn ich mir mal eine kleine Verletzung zugezogen hatte, z. B. einen Holzsplitter im Finger hatte, oder eine Zecke am Oberschenkel, oder eine Blase am Fuß, dann durfte sie mich nie verarzten. Das durfte nur mein Vater - oder "Tante" Ilse.

Nach dem Tod meines Vaters verbrachten mein damaliger Mann und ich so gut wie jeden Sonntag bei Frieda, und wir unternahmen kleinere Touren mit ihr. Dankbarkeit in irgendeiner Form hatten wir allerdings nicht zu erwarten. Einmal äußerte sie sogar, dass wir uns, wenn wir nun so oft zu ihr kämen, unser Essen doch mitbringen sollten. Sie sah nur, dass wir durch unsere häufige Anwesenheit bei ihr auch öfter bei ihr aßen; unsere Absicht dahinter bemerkte sie nicht. Das hörte nach der Pleite mit dem gemeinsamen Frankreich-Urlaub auf. Von da an waren wir nur noch gelegentlich in Steinhardt. Und irgendwann dann gar nicht mehr.

Frieda wählte, solange mein Vater lebte, genau wie er immer die SPD ("Das macht 'frau' so."), aber danach tat sie kund, von nun an die FDP zu wählen ("Endlich kann ich nun wählen, wen ich will!"). Nicht, weil sie so liberal gewesen wäre, nein. Sondern "weil die immer bei jeder Regierung dabei sind". Nach Friedas Ansicht hingen die FDPler - genau wie sie - ihr Fähnchen immer in den Wind.

✧✧✧✧✧✧✧

Mein Vater und der Jackett-Tausch

✧✧✧✧✧✧✧

Wie die meisten Männer tanzte auch mein Vater äußerst ungern - eigentlich. Aber wenn er in guter Stimmung war, dann konnte er sich doch dazu hinreißen lassen. Und ich habe schon schlechtere Tänzer erlebt.

Ich erinnere mich mit Wonne und Vergnügen an eine Kirmes in Sobernheim. "Johannis-Kirmes" heißt sie, findet also immer so um den 24. Juni statt. Herbert und Frieda sowie ein Arbeitskollege, mit dem er befreundet war, und dessen Frau, aus Bockenau hatten beschlossen, am Samstagabend gemeinsam hinzugehen. Mich nahmen sie auch mit.

Wie gesagt: Eigentlich waren die beiden Männer leidenschaftliche Nichttänzer, aber an diesem Abend war Herbert guter Stimmung. Nur: Tanzen kostete Geld. Mann musste vor dem Betreten der Tanzfläche bei einem Mitglied der Kapelle ein "Tanzbändchen" kaufen, ein Papierband mit Druckverschluss, das ins Knopfloch des Sakko-Revers geknöpft wurde. So wurde die Band bezahlt.

Und mein Vater beschloss, dass es für zwei Fast-Nichttänzer eine zu hohe Investition sei, wenn beide so ein Tanzbändchen kaufen würden. Also wurde entschieden, nur eines anzuschaffen und dann ganz einfach die Jacken zu tauschen.

Das Ganze hatte nur einen Haken: Herbert war klein und etwas korpulent, sein Freund erheblich größer und schlank.

Also stellt Euch die getauschten Jacketts an den beiden Herren vor: Herbert steckte in dem seines Freundes wie in einer zu prall gefüllten Wurstpelle, nur die Ärmel reichten ihm weit über seine Hände, während sein Freund zwar in dem von Herbert erheblich zu viel Platz hatte, dafür die Ärmel nur bis zur Hälfte der Unterarme reichten. Ich gehe davon aus, dass das Tanzbändchen an Herberts Jackett befestigt war, denn in dem seines Freundes hätte er nur unter großen Schwierigkeiten tanzen können.

Jedenfalls riss uns Alle den ganzen Abend lang der Anblick der beiden Herren zu wahren Lachsalven hin.

✧✧✧✧✧✧✧

Der Bruder

✧✧✧✧✧✧✧

Mein Bruder wurde am 20.12.1948 geboren. Passend zu meinem Vornamen bzw. wegen Friedas "arischem" Spleen (sie hätte es sicher weit von sich geworfen, wenn man ihr gesagt hätte, dass auch Inder Arier sind) wurde er Gernot genannt. Ich kann mich erstaunlicherweise an diesen Tag erinnern, obwohl ich noch nicht einmal vier Jahre alt war.

Es war kalt, Frieda putzte die Vordertreppe als ihre Fruchtblase platzte. Sie wurde in einem Auto, es war so ein kleiner Lieferwagen, ins Diakonissen-Krankenhaus in Sobernheim gefahren. Ich weiß jedoch nicht, ob dieses Auto einem Nachbarn gehörte, oder ob es zufällig vorbei kam.

Einmal durfte ich mit ins Krankenhaus. Wie das damals so war, musste Frieda im Bett liegen, denn - so sagte man mir - sie wäre vom Klapperstorch, der das Kind brachte, ins Bein gebissen worden. Wie unlogisch! Dieser legendäre Klapperstorch hätte das doch auch zuhause in Steinhardt tun können! Aber wie sollte das ein drei-, fast vierjähriges Kind damals merken und hinterfragen sollen.

Natürlich drehte sich im Prinzip ab sofort alles nur noch um den Sohn, jedenfalls bei Frieda. Viel aus dieser frühen Zeit ist mir natürlich nicht in Erinnerung geblieben.

Gernot lernte schnell und die erste "Machtprobe" kam bald: Gernot schrie in seinem Bettchen, Herbert hatte seine Arbeit in der Gaststätte beendet, nahm ihn mit sich in sein Bett. Ergebnis: Gernot schrie von Mal zu Mal früher. Bis meinem Vater der Geduldsfaden riss, er seinem Sohn einen Klaps verpasste ... und ab sofort war Ruhe.

Aber er wusste genau, wie er sich in ein gutes Licht setzen konnte, wie ich auch noch in meiner eigenen Geschichte berichten werde.

Für ein ganz besonderes Erlebnis sorgte er schon in seinem ersten Lebensjahr. Frieda nahm ihn und mich mit zu Verwandten nach Desloch, in der Nähe von Meisenheim. Damals (und heute immer noch) liegt dieser Ort am Arsch der Welt. Ich erinnere mich, dass ich dort öfters mal mit hin durfte. Oft auch mit meiner Großmutter, deren Ehemann von dort stammte. Aufgrund dessen waren wir wohl mit fast jeder Familie des Ortes verwandt, denn dort heiratete man wegen der abgeschiedenen Lage öfter untereinander. Wie dem auch sei, Frieda wollte wohl allen dort ihren Sohn präsentieren. Doch der machte ihr einen Strich durch die Rechnung.

Wir wohnten immer bei den selben Verwandten, bei Tante Meta. Es war schon eine halbe Weltreise, dort hin zu kommen. Im Sommer mit Großmutter fuhren wir mit dem Zug von Sobernheim nach Meisenheim und gingen dann zu Fuß "über die Leiterchen" nach Desloch. Es gab auch eine langwierigere Busverbindung, die direkt in den Ort führte, und die wir an diesem Tag nahmen.

In Desloch gab es zum damaligen Zeitpunkt (und noch lange danach) noch keine Wasserleitung. Meine Verwandten hatten zum Glück einen Brunnen im Flur, viele andere mussten sich das Wasser von draußen holen, Sommers wie Winters.

Jedenfalls wurde es Abend, mein Bruder war schon auf dem Schoß von Frieda eingeschlafen, und wurde im ersten Stock in "unserem" Schlafzimmer ins Bett gelegt. Und dann schrie er - und schrie - und schrie. Also wurde er wieder aufgenommen, Frieda wiegte ihn in ihren Armen in den Schlaf, legte ihn oben zu Bett ... und er schrie. So verbrachten wir die Nacht. Und am nächsten Tag fuhren wir wieder nach Steinhardt zurück.

Warum ER nicht zum Gymnasium ging, sondern nur ich, das weiß ich nicht. Ob er zu dumm dazu war? Oder ob dafür das Geld nicht reichte? Aber in dem Fall hätten sie ja mich wieder zur "Volksschule" schicken können. Wie dem auch sei: Ich könnte darüber nur spekulieren - ich weiß es nicht.

Jedenfalls beschloss mein Bruder an meiner Konfirmation, als er den Koch bei seiner Arbeit beobachtete, und ihm auch helfen durfte: Er wollte Koch werden, diese Arbeit gefiel ihm. Und das wurde er dann auch.

Als er 12 Jahre alt war, hatte er mit dem Fahrrad, das vorher meines war, einen schweren Unfall auf dem Weg nach Sobernheim. Und wer war daran schuld? ICH natürlich, wie Frieda befand. Denn: Ich hätte für ihn eine neue Zeitkarte für den Bus kaufen sollen und hatte es vergessen. Also musste er mit dem Fahrrad fahren. Und auf dem steilen und kurvenreichen Stück direkt nach dem Dorf kam ihm ein Auto entgegen. Ob nun Gernot zu leichtsinnig gefahren war, oder ob der Autofahrer die Kurve geschnitten hatte, ist ja nun egal. Jedenfalls musste mein Bruder ins Krankenhaus. Er hatte eine Gehirnerschütterung und diverse, teils tiefe Wunden. Es gab eine gerichtliche Auseinandersetzung, bei der dieser Autofahrer für schuldig befunden wurde. Und Gernot bekam eine ordentliche monetäre

Entschädigung. Die wurde von Gernot und unserem Vater wenigstens teilweise in die Märklin-Eisenbahn investiert. Männer!

Seltsam an der ganzen Geschichte ist nur, dass das Fahrrad für mich gekauft wurde, um bequemer nach Sobernheim zu gelangen. Keiner hatte da einen Gedanken daran verschwendet, dass das gefährlich sein könnte.

Er beendete die Volksschule regulär nach der 8. Klasse und meine Eltern ermöglichten es ihm, die Hotelfachschule in Bad Kreuznach zu besuchen. Ab diesem Zeitpunkt war er im Prinzip der elterlichen Aufsicht entzogen. Nach Abschluss der Hotelfachschule bekam er eine Lehrstelle im Hotel "Kurhaus" in Bad Kreuznach.

Anschließend arbeitete er zuerst, glaube ich, in einem Hotel am Bodensee, danach meist in der Schweiz. Einige Jahre war es so, dass er im Winter in Arosa beschäftigt war (wo mein zweiter Mann und ich ihn einmal besuchten), und im Sommer bei der gleichen Hotelkette auf Sylt. Zwischen diesen Saison-Jobs war er meist bei Frieda in Steinhardt und wurde von ihr "auf Händen getragen". Auch für die anderen Steinhardter war es natürlich jedesmal ein Ereignis, wenn er mal wieder da war.

Irgendwann klärte mich Gernot über den Inhalt des Testamentes der Eltern auf: Er bekam alles, ich nur meinen Pflichtteil. Aber damit hatte ich schon fast gerechnet. Er meinte, es wäre ein Fehler von mir gewesen, so lange zuhause bzw. in der Nähe zu sein; denn nur so hätten die Eltern auch meine Sünden mit bekommen, wogegen er in der Ferne doch hätte tun und lassen können, was er wollte. Nur bedachte bzw. wusste er nicht, dass Frieda mich gar nicht hätte gehen lassen.

Zu seinen “Sünden” gehörte auch, dass er meinen zweiten Mann und mich um ein Darlehen bat, als eine Freundin von ihm schwanger wurde und abtreiben wollte/ sollte. Solche Dinge bekamen unsere Eltern natürlich nicht mit, und er hütete sich auch, sie bzw. später dann Frieda damit zu konfrontieren. Aber auch wenn Frieda es gewusst hätte, wäre ich damit sicher nicht in ihrer Gunst gestiegen oder Gernot “ degradiert” worden. Denn “Männer sind eben so” und das “Aufpassen” war Sache der Frauen, wenn sie denn schon außerehelichen Verkehr haben wollten; sie war so richtig scheinheilig.

So war Gernot auch am Tag von Herberts Tod gerade auf dem Weg von Arosa nach Steinhardt und nicht zu erreichen. Damals war Mobiltelefonie ja noch völlig unbekannt. Als er ankam musste ich ihm sagen, dass unser Vater verstorben war. Wir tranken an diesem Abend recht viel.

So wie Gernot überhaupt sehr viel trank. Allerdings sagte mir einmal ein Hausarzt, dass Alkoholmissbrauch schon fast eine Berufskrankheit bei Köchen ist.

Am nächsten Abend wurde im Fernsehen ein Fußballspiel übertragen, das sich sicher auch unser Vater nicht hätte entgehen lassen. Deshalb schauten wir es uns an. Denn eigentlich war mir nach den vielen Formalitäten und Besuchen von Freunden und Nachbarn sowie den Vorbereitungen für die Trauerfeier im Krematorium in Mainz nicht danach. Und da brach Gernot zusammen. Das war zu viel für ihn - der Gedanke, dass normalerweise er und Herbert gemeinsam sich das angeschaut hätten.

Natürlich nutzte mein Bruder auch schon mal diese arbeitsfreie Zeit um z. B. Friedas Haus neu zu streichen oder das Bad neu zu fliesen u. ä. Nur: Beim Anstreichen des Hauses beispielsweise half ihm mein zweiter Mann, der sich dafür Urlaub nahm. Aber wenn Frieda später des öfteren davon erzählte, immer in der Form, dass "Gernot das Haus in seiner Urlaubszeit gestrichen hat"; mein Mann wurde von ihr stillschweigend unter den Tisch fallen lassen; genauso, wie sie das mit mir getan hätte.

Gernot durfte selbstverständlich auch immer seine diversen Freundinnen mitbringen, an mindestens drei oder vier erinnere ich mich. Bis er dann die nach seiner Meinung Richtige fand, als er schon fast 30 war: Eine junge Schweizerin, eine Kollegin, von der er behauptete, dass er sich die nach seinen eigenen Vorstellungen zurechtbiegen könnte.

Ein großer Irrtum, wie sich herausstellte. Das konnten mein zweiter Mann und ich besonders gut später einmal bei einem Besuch der Beiden in der Schweiz, im Berner Oberland, in einem kleinen Ort oberhalb des Thuner Sees beobachten. Seine junge Frau hatte ihn voll im Griff, und er ... Davon später mehr.

Zuerst die "Verlobung": in Davos die erste, bei Susannes Eltern in der Schweiz die zweite und zum Schluss in Steinhardt die dritte.

Dann die Hochzeit. In Davos, wo die Beiden zu der Zeit arbeiteten, zum Ende der Sommersaison. Das Hotel hatte gerade noch geöffnet. Wir Hochzeitsgäste waren fast die einzigen Gäste dort.

Kein Polterabend! Gernot erklärte uns, dass beim "Polterabend-

Abendessen" wir nicht eingeplant wären, sondern nur er und Susanne und die jeweiligen Eltern bzw. in seinem Fall eben nur Frieda.

Am nächsten Tag also die Hochzeit:

Kirchliche Trauung in einer kleinen Kapelle in der Nähe von Davos, wo wir alle mit Bussen hingebracht wurden. Beim Verlassen der Kirche diverse "Spielchen" für das Brautpaar.
Zur allgemeinen Überraschung hatten sich einige uneingeladene Steinhardter eingefunden, die auf eigene Faust in die Schweiz gefahren waren, um an dem "Jahrhundert-Ereignis" teilzunehmen.

Danach Fahrt in ein Bergdorf zu Kaffee und Kuchen und anderen Dingen. Herz was begehrst du!, zu dem auch die Steinhardter mitfahren durfte.
Dann wieder zurück nach Davos. Abendessen und Ringelpietz in einer Kneipe. Wir feierten bis 6 Uhr früh.

Frieda blieb noch in der Schweiz, wir mussten zurück zur Arbeit bzw. zur Schule.

Irgendwann besuchten wir Gernot und Susanne in Sigriswil, wo sie beide im gleichen Hotel arbeiteten.

Im Gegensatz zu Gernots Vorhaben, sich seine Frau nach seinem Willen formen zu können, war das Gegenteil eingetreten. Er versuchte, sich betont jugendlich zu geben, was uns irgendwie reichlich lächerlich vorkam, und er tanzte nach ihrer Pfeife; nur das Trinken hatte er nicht aufgegeben.

Er hatte nach eigenem Bekunden einen festen Grundsatz: Er wollte nie ein eigenes Restaurant! Er wollte gut und kreativ kochen, sich jedoch nicht um finanzielle Dinge kümmern müssen. Er war der Ansicht, dass er, genau wie unser Vater, kein Händchen fürs Wirtschaftliche habe. Aber auch diesen Grundsatz änderte Susanne. Irgendwann hatte sie ihn wohl so weit, dass er zustimmte - und sie eröffneten ein eigenes Restaurant in der Schweiz.

Das war dann wohl der Anfang vom Ende. Er, der immer schon viel getrunken hatte, verkraftete diese Herausforderung nicht. An seinem 50. Geburtstag trank er zum letzten Mal zuviel - mit der Folge eines Risses in der Speiseröhre und eines qualvollen Todes.

✧✧✧✧✧✧✧

Männe, der Hund

✧✧✧✧✧✧✧

Irgendwann brachte mein Vater einen kleinen Hund mit nach Hause, der "Männe" (was für ein blöder Name!) genannt wurde. Er war wohl ausgesetzt worden. Auch das gab es schon in den 50er Jahren. Es war wohl Frieda und Oma Bienchen nicht so ganz recht, aber er durfte bleiben; zum Entzücken von uns Kindern - und von Männe.

Wir durften alles mit ihm anstellen. Wir zogen ihm Strickjäckchen und Trachtenhütchen an; wir schnallten ihm eine Wolldecke um, wenn wir mit einem alten Tornister "auf große Wanderschaft" gingen. Und wir konnten uns darauf verlassen, dass er am Mittag, wenn wir aus der Schule nach Hause kamen, erst am Fenster, dann an der Tür auf uns wartete, und sich nach Hundemanier schier zerriss, wenn wir herein kamen.

Am Sonntag, wenn wir nicht zur Schule gingen, konnten wir uns auch darauf verlassen, dass Männe an unserer Schlafzimmertür kratzte und, wenn wir ihm nicht gleich öffneten, sich mit seinem ganzen kleinen Körper gegen die Tür warf - und dann wie ein Blitz in einem der Betten unter der Bettdecke verschwand. Und natürlich stritten mein Bruder und ich darüber, in wessen Bett er zuerst durfte.

Nur vor Besen, Staubsaugern und ähnlichen Gegenständen hatte er Angst; wenn er die sah, verkroch er sich irgendwo.

Aber mit den Katzen vertrug er sich hervorragend! Es gab ein Foto, wo er mit dem großen Kater Peter auf dem Treppenabsatz hinten zum Hof sass und sie sich gemeinsam sonnten. Am meisten Freude machte er dem Kater, wenn er ihm mit seiner rauhen Zunge die Kehle ableckte, wo er selbst ja nicht ran kam. Und wenn Männe dann aufhören wollte und sich abwandte, ging Peter um ihn herum, stellte sich wieder vor ihn und reckte ihm auffordernd seine Kehle entgegen - und Männe machte weiter.

Leider lief er dann viele Jahre später in einem Winter auf die Straße hinaus, ein Lkw kam, ... So wurde mir erzählt, als ich von der Arbeit nach Hause kam. Gesehen habe ich ihn nicht mehr.

Er ist sicher im Hundehimmel.

✧✧✧✧✧✧✧

Ich (1945 - 1950)

✧✧✧✧✧✧✧

Es war wohl für Frieda, die zwei Jahre zuvor eine männliche Fehlgeburt erlitten hatte, eine arge Enttäuschung, dass ich nur ein Mädchen war. Denn Männer waren für sie die Krone der Schöpfung. Und es war überaus wichtig für sie, einen Sohn zu gebären. Das zeigte auch ihre Reaktion, als ich meinen Sohn zur Welt gebracht hatte. Sie sagte damals, dass ich jetzt alles erreicht hätte was eine Frau zu erreichen imstande wäre. Nun könne (an Kindern meinte sie wohl) kommen, was wolle. Aber niemand könne mir diesen Erfolg, einen Sohn zur Welt gebracht zu haben, je wieder streitig machen.

Sie war wohl etwas unaufgeklärt, und es war noch nicht bis zu ihr bzw. bis nach Steinhardt vorgedrungen, dass die Männer für das Geschlecht eines Kindes verantwortlich sind.

Sie hatte diese Frühgeburt, weil einige Zeit vor dem eigentlichen Geburtstermin des Nachts ein im Haus einquartierter Genesender der Wehrmacht in ihr Zimmer kam, sie anfasste, und durch den Schreck ...
Damals wurde der alte Dr. N. aus Waldböckelheim gerufen, der zum einen erklärte: “Man kann einen Soldaten, der in Stalingrad war, nicht für seine Taten verantwortlich machen.” Und ihr zum anderen riet: “Bleiben sie so lange im Bett, bis ich wieder komme.” Aber er kam nie mehr wieder.

Ich kam am 25. März 1945, kurz nach dem Einmarsch der Amerikaner, zur Welt. Es herrschte Ausgangssperre; zum Glück war eine der vielen

Verwandten, die aus der unsicheren Stadt in das sicherere Steinhardt gekommen waren, Hebamme.

Meine ersten Lebensjahre verliefen wohl recht normal - bis zur Geburt ihres Sohnes, meines Bruders. Von da an war immer nur er die Hauptperson und ich eben nur ein zweitrangiges Mädchen.

Ich weiß nicht genau, welches Jahr es war, als ich kurz vor Weihnachten für eine Aufregung der besonderen Art sorgte; ich weiß nur, dass sich damals im unteren Geschoss ein privates Wohnzimmer befand, da wo später das elterliche Schlafzimmer war. An das Vorhandensein eines Babys bzw. eines Brüderchens denke ich in diesem Zusammenhang aber nicht. Jedenfalls hatte ich durch das Schlüsselloch geschaut - und einen "Stubenwagen" erblickt; und ich soll deshalb einen so fürchterlichen Schrei ausgestoßen haben, dass mein Vater, der im Hof tätig war - ich glaube, dass er Holz hackte, meinte, mir wäre etwas passiert. An Heiligabend dann hatte ich für mein anderes großes Geschenk, ein Dreirad, das meine Eltern unter dem Schreibtisch versteckt hatten, überhaupt keine Augen. Ich musste erst darauf aufmerksam gemacht werden.

Im Haus der Nachbarn M. wohnte eine alte Dame. Ich glaube, dass Frieda mich zu ihr mit nahm. Manchmal brachte ich ihr Obst oder Gemüse aus unserem Garten, gelegentlich kaufte ich auch für sie ein; dafür schenkte sie mir dann 10 Pfennige oder so. Gertrud, die Tochter der Familie M., ein Jahr älter als ich, beschuldigte mich irgendwann, das nur wegen des Geldes zu tun; danach ging ich nicht mehr zu dieser Dame; so etwas ließ ich mir nicht unterstellen.

Als ich 4 Jahre alt war, wurde ich das erste Mal mitgenommen nach Trier, wo die Schwester meiner Großmutter, Elise, mittlerweile verwitwet, wohnte. Sie hatte infolge Mangelernährung in der Kindheit einen rachitischen Buckel, war mit einem Vetter verheiratet worden. Die Fahrt mit Eisenbahn und Bus dorthin war ein richtiges Abenteuer. Hinzu kam, dass mein Magen als Kind das Autofahren allgemein nur schwer ertrug. In dem übervollen Bus war das besonders schlimm; ich musste mich immer wieder übergeben. Eine mitreisende Ordensschwester kümmerte sich um mich.

Für die Rückfahrt hatte Frieda einen kleinen Topf gekauft ... für den Fall der Fälle. Aber der Busfahrer - derselbe wie auf der Hinfahrt - setzte uns ganz vorne hin, so dass ich durch die Frontscheibe schauen konnte, und alles ging gut.

Später, ich mag 6 oder 7 Jahre alt gewesen sein, wurde ich fast ganz alleine in den Sommerferien nach Trier geschickt. Ein Verwandter, Onkel Fritz Groth aus Bad Kreuznach, Drogist, Handelsvertreter bei Esüdro, nahm mich bei einer seiner Geschäftstouren mit dort hin. Ich blieb ein paar Wochen bei den Verwandten, und dann nahm er mich wieder mit zurück.

Eine meiner besten "Freundinnen" in Steinhardt war Hanna Klippel. Ich besuchte sie sehr oft. Als ich 5 Jahre alt war, heiratete sie einen Landwirt in Gutenberg. Ich und ein anderes Kind aus Steinhardt wurden auserkoren, ihren langen Brautschleier zu "tragen". Wir waren also quasi ihre Schleppenträgerinnen. Die örtliche Schneiderin fertigte für uns Beide gleiche Kleider, wir bekamen eine Frisur mit "Schillerlocken" und Halbschuhe mit geknöpften Spangen. Wir beide verbrachten den ganzen Tag mit dem Brautpaar, waren auch mit beim Fotografen.

Ich durfte sie noch zweimal, so erinnere ich mich, für einige Tage besuchen. Das hörte auf, nachdem sie zwei Kinder geboren hatte. Dann wurde sie schwer krank - Lymphdrüsenkrebs - und verstarb.

Meine beste Vor-Schul-Freundin war Karin B. Sie kam mit ihren Großeltern, ihrer verwitweten Mutter und ihrer Tante, die Lehrerin war, in unsere Gaststätte. Ihre Mutter und die Tante rauchten!, damals eine absolute Ausnahme, jedenfalls bei uns auf dem Land.

Die Tante gab Musikunterricht (bei ihr lernte ich Blockflöte) und Turnunterricht; so kam ich in den Sobernheimer Turnverein, dem ich bis zu meinem 15. Lebensjahr angehörte. Bis dahin konnte ich am Nachmittag zum Turnen gehen, unterrichtete später auch zusammen mit meiner Freundin Inge M. die ganz Kleinen. Danach aber hätte ich zu den "Erwachsenen" wechseln und am Abend zum Training müssen. Aber da gab es keine Busverbindung mehr. So fiel das Turnen dem schlechten ÖPNV zum Opfer.

Ich erinnere mich an wunderschöne, stimmungsvolle Winternachmittage, an denen wir Flötenspielerinnen uns bei dieser Lehrerin zu Hause trafen, und gemeinsam mit unterschiedlichen Flöten mit ihrer Klavierbegleitung spielten. Leider gab es solche Nachmittage nur äußerst selten.

Ich erinnere mich auch, dass wir manchmal für den Turnverein oder auch um irgendwo ein Flötenkonzert zu geben, an Sonntagen weite, richtig weite Fußmärsche auf uns nahmen. Einmal, im Sommer, es war sehr heiß, ich die Kleinste (daher hatte ich auch meinen Spitznamen: Gutsje, was im Sobernheimer Dialekt soviel bedeutet wie kleines Bonbon), und ich konnte einfach nicht mehr mithalten, hielt unsere Lehrerin einen Mopedfahrer an, damit der mich mitnahm zu unserem Auftrittsort.

Es gab auch eine Fahrt? Wanderung? in einen Ort, in dem wir Verwandte hatten. Wir Turnerinnen waren eingeladen, bei Familien des Ortes zu Mittag zu essen. Ich natürlich bei unseren Verwandten. Leider! Das Essen schmeckte mir ganz und gar nicht. Zum Glück hatte ich ja "Benimm-Unterricht" von Frieda erhalten und lud mir nicht viel auf meinen Teller. Bei Frieda schmeckte es besser! Gut Kochen liegt wohl in unserer Familie.

Ich holte bei Turnfesten oftmals Preise für mich und den Verein.

Eine willkommene Abwechslung für uns Kinder waren die US-amerikanischen Soldaten, die immer mal in unserer Gaststätte einkehrten. Sie gaben uns meist etwas von ihren Notrationen ab - große Konservendosen, die wahre Schätze für uns enthielten: kleinere Dosen mit Fertiggerichten, Schokolade, Kekse.

Von einem der Soldaten erhielt ich die erste Banane meines Lebens - und wollte sie gar nicht essen, nach dem Motto "Was der Bauer nicht kennt, ..." Aber die Drohung von Frieda: "Wenn Du sie nicht willst, dann bekommt sie Gernot", half mir beim Essen.

✧✧✧✧✧✧✧

Ein unbekanntes Gericht

✧✧✧✧✧✧✧

Wie schon berichtet, blieb ich des öfteren über Mittag in Sobernheim, meist bei Schulfreundinnen. Warum das in diesem Fall nicht so war, weiß ich nicht mehr. Jedenfalls blieb ich diesmal bei einem der Volksschullehrer, einem Schulfreund von Frieda, und seiner Frau. Und dort gab es etwas zu essen, das mir vollkommen unbekannt war. Aber es schmeckte mir.

Als ich dann am Abend wieder zu Hause in Steinhardt war und gefragt wurde, was es denn zum Mittagessen gegeben hatte, antwortete ich:

“Ich weiß nicht was es war, aber es sah aus wie ein Schnitzel, nur schmeckte es süß.”

Wisst Ihr, was es war? Klar doch!

Das Gericht ist unter verschiedenen Namen bekannt: Ich kenne “Arme Ritter” und “Karthäuserklöße”. Wikipedia weiß noch eine ganze Menge mehr Bezeichnungen dafür.

✧✧✧✧✧✧✧

Ich (1951 - 1959)

✧✧✧✧✧✧✧

Da meine Eltern keiner Kirche angehörten, es in Sobernheim aber nur kirchliche Grundschulen gab, wurde ich nach Ostern 1951 in die evangelische Grundschule, damals hieß das noch Volksschule, eingeschult. Jedoch ging meine Freundin Karin zur katholischen Volksschule, was unserer Beziehung leider nach und nach ein Ende setzte.

Meine erste Schullehrerin war Fräulein Geletnecky, die immer nur die Erstklässler unterrichtete. Sie war 1900 geboren. Ich besuchte sie viele Jahre später, 1991, in ihrem Haus in Bad Sobernheim. Sie erzählte mir, dass damals Lehrerinnen “Fräulein”, also unverheiratet, sein mussten; sie hätte aber eine langjährige Beziehung zu einem ihrer Kollegen unterhalten, was natürlich mit einigen Schwierigkeiten verbunden war. Wäre die Beziehung entdeckt worden, hätte sie ihren Beruf aufgeben müssen. Und Fräulein Geletnecky war eine tolle Lehrerin!

Damals ging ich gerne zur Schule, und ich hatte bald viele Schulfreundinnen, bei denen ich oft nach dem Unterricht auch die Schularbeiten erledigte. Denn da ich nachmittags noch zum Blockflöten-Unterricht ging und später auch Klavierunterricht hatte, außerdem im Turnverein turnte, wäre es zu umständlich gewesen, nach der Schule heimzufahren und dann wieder nach Sobernheim zurück zu fahren oder zu laufen. Die Busverbindungen waren nicht sehr komfortabel.

Doch manchmal konnte ich - wie wohl alle Kinder - auch ein kleines

Biest sein. Neben mir in der Schulbank sass lange Zeit Karin L., und Karin konnte sich nicht merken, wie "Schokolade" geschrieben wird. Jedes Mal wenn das Wort in einem Diktat vorkam, fragte sie mich - und jedes Mal sagte ich es ihr falsch: "mit ck". Nicht, dass ich Karin nicht gemocht hätte; auch bei ihr verbrachte ich viele Nachmittage; aber ich konnte wohl nicht verstehen, wie jemand so ein simples Wort nicht schreiben kann.

Meistens verbrachte ich jedoch die Nachmittage bei Waltraud. Ihre Eltern hatten ein Schuhgeschäft, sie hatte noch zwei ältere Schwestern. Nachdem wir die Hausaufgaben gemacht hatten, spielten wir meist im Hof, wo auch eine große Schaukel hing. Es gab da später mal einen bösen Unfall, von dem wir aber niemandem erzählten:

Wir sprangen von einem Tisch nach dem schwingenden Trapez - und ich verfehlte es und stürzte mit dem Rücken auf den Kopfsteinpflaster-Boden. Ich konnte nicht mehr Luft holen, nicht mehr atmen. Ich glaubte, mein letztes Stündchen hätte geschlagen. Waltraud brachte mich ins Haus, niemand sonst war da. Zum Glück ging es mir nach einiger Zeit besser und der Unfall hatte keine weiteren Folgen.

Bei Waltraud machte ich auch meine Strafarbeit dafür, dass ich nicht aufgepasst hatte als "weiß" und "weis" durchgenommen wurde. Aber nach 100 (oder so)-maligem Schreiben hatte ich es fürs Leben gelernt.

Bei all diesen fremden Familien fühlte ich mich wohler als zu Hause. Denn da war mein kleiner Bruder Gernot tonangebend; er hatte ganz schnell den Bogen raus, wie er sich in ein gutes und mich in ein schlechtes Licht setzen konnte. Wenn ihm etwas nicht passte, warf er sich zu Boden und fing fürchterlich an zu schreien, so als hätte ich ihm etwas getan. Worauf natürlich sofort Frieda herbeistürzte, nicht ein einziges Mal fragte, was los sei, sondern mich sofort verprügelte, weil ich ja ihrer Meinung nach ihrem Ein-und-Alles etwas zuleide getan hatte.

Ich war daher immer froh, wenn dann in späteren Jahren, als Fremdenzimmer eingerichtet worden waren, viele Jahre lang im Sommer zwei Familien aus dem Ruhrgebiet mit ihren Kindern ihre Ferien bei uns verbrachten. Die traten in solchen Situationen für mich ein, so dass diese Zeiten die einzige Ausnahme in dieser fast alltäglichen Prozedur darstellten.

Aber es brachte meine Mutter nicht dazu, ihr übliches Tun zu hinterfragen; das hätte ja auch ein Hinterfragen ihrer eigenen Weltanschauung bedeutet.

Heute sehe ich es als logische Folgerung an, dass ich Frieda nicht an mich heran ließ, wenn ich kleinere Verletzungen erlitten hatte. Da wartete ich lieber bis mein Vater zu Hause war - er durfte mich dann verarzten. Oder in "Notfällen" musste Ilse, die Nachbarin, geholt werden.

Aber trotzdem sollte ich eine "höhere Tochter" werden. Vielleicht wollte sie ja damit eigene frühere Wünsche verwirklicht sehen? Daher also der Klavierunterricht und die gute Schulbildung (ich ging ab der 5. Klasse zum Gymnasium), die aber auch mein Vater unbedingt befürwortete. Er machte keinen Unterschied zwischen Tochter und Sohn!

Aber wenn ich bedenke, wie es einem Schulkameraden erging, der so gerne Mädchen-Kleidung trug, und der deswegen von seiner Mutter quasi eingesperrt wurde und die ihm jedweden Kontakt mit der Außenwelt verbot, auch noch in den 1990er Jahren, dann ging es mir doch noch vergleichsweise gut. Ob er transsexuell war oder ob er sich einfach nur in Mädchen- bzw. Frauenkleidung wohler fühlte, entzieht sich meiner Kenntnis. Eben weil die Mutter keinen Kontakt zuließ.

Aber ich bin Frieda dankbar dafür, dass ich früh gute Tischmanieren lernte.
Denn wenn ich heute meine Enkel sehe, denen noch nicht mal der Gebrauch von Servietten bekannt ist, da es so einen "Schnickschnack" bei meiner Schwiegertochter nicht gibt, dann weiß ich, dass diese damit einmal Anstoß erregen werden.

Die Freude am Klavierunterricht wurde mir gleich in der ersten Stunde von meinem Lehrer, Herrn "Bundeschormeister" Rudolf Desch, gründlich verdorben. Er erklärte mir 6jährigem Mädchen gleich, dass meine Fingernägel zum Klavierspielen zu lang wären - und schnitt sie mir höchstpersönlich sofort ab - bis zum Nagelbett. Ich fühlte mich entsetzlich gedemütigt.

Trotzdem ging ich Woche für Woche hin, - das viele Jahre lang. Ich hätte nie gewagt, Frieda zu widersprechen. Geübt habe ich natürlich nur auf tägliches Drängen hin. Erst viele Jahre später, als ich nicht mehr zu diesem schrecklichen autoritären Mann hin musste, fand ich etwas Gefallen am Klavier spielen. Aber über Musik habe ich all die Jahre nicht viel gelernt, das Ganze ähnelte eher dem Dressieren eines Äffchens.

Ich war damals noch so klein, dass nur mehrere Kissen auf dem Klavierhocker mich die Tastatur erreichen ließen; so war natürlich ausgeschlossen, dass ich mit den Füßen die Pedale erreichte, und das Bedienen derselben wurde mir auch später nie beigebracht.

Aber die größte Qual war für mich das jährlich stattfindende Weihnachtskonzert der Klavierschüler. Ich wusste, dass Frieda kein Versagen akzeptieren würde. Ich war immer schrecklich aufgeregt und zitterte am ganzen Körper. Und meine extreme Auftritts- bzw. Versagensangst ist mir lange Zeit geblieben, bis ich sie vor ein paar Jahren mit Hilfe einer Hypnosetherapeutin etwas ablegen konnte.

Von einigen Leuten im Ort wurde ich immer wieder gefragt, ob ich schon den "Donau-Walzer" spielen könne. Denn dann könnte ich doch zusammen mit dem Gesangverein auftreten. Seitdem sind mir Strauß-Walzer verhasst. Ich würde NIIIEEE einen spielen oder einen mitspielen!

Auch beim jährlichen Vorspielen in der Musikklasse des Gymnasiums war meine Aufregung sehr groß. Dabei kam es auch zu meinem größten Misserfolg: Wir "Pianisten" hatten uns vorher nie abgesprochen über unsere Vorträge. Ein großer Fehler! So kam es, dass die Mitschülerin, die vor mir spielte, genau das Stück vortrug, das auch ich geübt hatte. Und ich ließ mich dazu hinreißen, ein anderes Stück zu spielen, eines auf das ich nicht vorbereitet war. Es war schlichtweg miserabel, indiskutabel, peinlich!

Die einzigen Kinderkrankheiten, die ich hatte, waren Mumps und Masern; die hatte ich im Winter 1953 oder 1954. Auf jeden Fall war das obere Stockwerk schon ausgebaut, denn ich wurde mit meiner ansteckenden Krankheit ins hinterste Zimmer verbannt. Trotzdem erwischte es meinen Bruder gleich anschließend; aber ER durfte seine Krankheit in der Küche auf einem Sofa auskurieren. Wohingegen ich dann auch während seiner Masern noch zu Hause bleiben durfte / musste; und das bei herrlichstem Winterwetter mit viel Schnee. Und das nutzte ich natürlich weidlich aus.

Nur etwas war mir verwehrt, was ich von Herzen gerne getan hätte: Ballett tanzen. Das machte Brunhilde, ein Mädchen aus Sobernheim, das gegenüber vom "Hüttenberger Hof" wohnte; ich traf sie immer mal im Bus. Dafür hätte ich zum einen mit dem Bus nach Bad Kreuznach fahren müssen, und zum anderen war Ballett für Friedas Geschmack dann doch etwas zu viel der Kunst. Das stand auf einer Stufe mit Schauspielerei, die für sie gleichzusetzen war mit Prostitution; eine ausschweifende Phantasie kann man ihr nicht absprechen.

Seltsamerweise benannten sich die Klassen im Gymnasium in rückwärts zählender Reihenfolge. Erst kam also die "Sexta", in Wirklichkeit die 5. Klasse, ab der als erste Fremdsprache Französisch gelehrt wurde; dann kam zwei Jahre später, ab der "Quarta" Latein dazu, und zum Schluss erst, ab der Ober-Tertia (die Klassen ab der Tertia waren in Unter- und Ober- geteilt) Englisch. Die obere der beiden "Sekundas" und die "Primas" dann waren mir ja sowieso verwehrt.

Viele Schüler standen bald in Briefkontakt mit französischen Kindern. Meine Briefpartnerin war Yolande, sie kam aus Revin in den Ardennen. Später besuchte sie mich einmal.

Gute Schulnoten waren natürlich ein Muss, vor allem als ich dann ab 1955 von der Volksschule zum Gymnasium gewechselt war, denn für's Gymnasium musste man damals noch Schulgeld bezahlen. Ich stand also immer unter Erfolgsdruck, war immer voller Angst, sei es wegen der Schule, wegen des Klavierspiels oder der Unberechenbarkeit meines Bruders.

Ich weiß noch, dass ich mich mal nach einem Zeugnis mit einer Drei = Befriedigend kaum nach Hause traute, da ich wusste, dass Frieda mir Vorhaltungen darüber machen würde, was für mich alles getan und wie wenig ich es danken würde.

In den folgenden Jahren war es so, dass ich oft am Nachmittag alleine zu Hause war und die Gastwirtschaft hüten musste, während ich meine Hausaufgaben erledigte. Hilfe dabei hatte ich nie, meine Eltern hatten selbst ja nur Grundschulen besucht und so fehlte ihnen einerseits das Wissen, andererseits aber auch die Zeit dazu. Wenn sie am Abend heimkamen, sich gewaschen und zu Abend gegessen hatten, dann ging der Betrieb in der Gastwirtschaft los.

Natürlich mussten wir Kinder auch auf dem Feld mithelfen, besonders während der Erntezeit. Ich erinnere ich mich gut an eine Begebenheit während der Kartoffelernte:
Die Erwachsenen arbeiteten schon auf dem Feld; ein Nachbar spannte uns beiden Kindern, als wir von der Schule wieder zuhause waren, die Kühe an, führte unser Gespann über die Hauptstraße bis zur Abzweigung in die Gemarkung, und danach waren wir uns selbst überlassen; den Weg zum Feld kannten wir ja. Alles ging erst mal gut, bis zu einem großen Wasser-Schlamm-See mitten auf dem Weg: Die Kühe bogen ab, wir Kinder konnten sie nicht durch den See lenken, sie waren stärker als wir. Wir hatten Höllenängste, unsere Kühe könnten uns "entführen". Sie bogen also ab in einen Seitenweg, von da auf ein Feld neben dem Hauptweg - und

hinter dem See benutzten sie wieder den Hauptweg. Da sage noch mal einer, Kühe hätten keinen Verstand. Sie wollten sich nur keine nassen und schmutzigen Füße holen. Unser Vater lachte nur, als wir ihm das erzählten.

Irgendwann zu dieser Zeit wurde mir auch gezeigt, wie man die einfache Buchführung für die Gaststätte macht. Im Prinzip waren nur die Rechnungen nach Datum zu sortieren und in ein Buch einzutragen. Dies gehörte dann mit zu meinen Aufgaben.

Damals als noch fast niemand ein Auto hatte, kaum einer ein Telefon, trafen sich die Leute abends in der Kneipe, um sich zu unterhalten.

Die wirtschaftlich beste Zeit unserer Gastwirtschaft war wohl ab Herbst 1953, als mein Vater beschloss, einen Fernseher anzuschaffen; das war eine immense Investition, 1200 DM kostete dieser Schrank mit dem kleinen Bildschirm damals. Aber ab sofort war, vor allem am Samstag-abend, die Gastwirtschaft voller Leute, die an diesem neuen Wunder der Technik teilhaben wollten.

Ab 1954 wurde das Neujahrskonzert der Wiener Philharmoniker aus dem Musikverein Wien übertragen. Ich habe das dort noch mal erfragt als ich im Jahr 2011 in Wien meine Internet-Freundin Helga besuchte, und natürlich auch eine Führung durch diese heiligen Hallen mit machte. Natürlich gehörte das immer zur TV-Tradition bei uns zu Hause, auch wenn ich selbst diese Tradition nun nicht mehr fortsetze. Ihr wisst ja: Strauss-Walzer sind nicht mein Ding!

Und - klar! - anschließend gab es das Neujahrs-Skispringen.

Aber erst der Menschen-Andrang bei der Fußball-WM 1954! Der Fernseher stand hoch auf zwei übereinander gestellten Tischen im hintersten Raum, die Türen waren ausgehängt, und alles war voller Menschen; bis auf den Treppenabsatz vor der Eingangstür standen sie! Sehen konnten sie ja dort bestimmt nicht sehr viel (Abstand zum Fernsehgerät 15 m, Größe des Bildschirms 43 cm); aber: Dabei sein ist Alles! Und der Jubel! Ich verstand gar nicht, was da los war. "Fußball? - Was ist das?", dachte ich wohl damals.

Mit dem Fernsehen ergab sich noch ein anderes Problem: Ich war ja fast vier Jahre älter als mein Bruder, durfte also normalerweise am Samstagabend auch schon mal ein Theaterstück oder eine Operette oder einen Film sehen, mein Bruder jedoch nicht. Aber statt meinem Bruder die ganze und ungeschminkte Wahrheit zu sagen, ging das nun folgendermaßen vonstatten: Wir gingen beide zu Bett, ich jedoch mit dem Schlafanzug ÜBER meinen Kleidern, und wenn Gernot dann schlief, schlich ich mich aus dem Zimmer und zum Fernsehen. Eigentlich eine lächerliche Angelegenheit.

Im großen und ganzen wurde ich aber trotz meiner "höheren Bildung" sehr dumm gehalten. Ich war ein richtiges "Landei". Das blieb auch noch viele, viele Jahre so.

Dumm ist noch untertrieben; nicht im Sinne von unintelligent, aber im Sinne von zum Beispiel unaufgeklärt, verklemmt, weltfremd, naiv.

Mit meinem Vater, der überall wegen seiner offenen, freundlichen Art gerne gesehen war, war ich gerne unterwegs. Sei es zur Arbeit im Weinberg oder

auf dem Feld, sei es bei besonderen “Exkursionen”. So z. B. zum Getreidemahlen in der Mühle in Staudernheim.
Diese Ausflüge müssen während der Schulferien stattgefunden haben, denn ansonsten hätte ich nicht mitfahren können.

Am frühen Morgen ging es mit dem mit Getreide beladenen Kuh-Fuhrwerk über den Berg nach Staudernheim zur Mühle, wo man uns schon mit einem deftigen Frühstück erwartete. Während unser Weizen gemahlen wurde, spielte ich mit der Tochter des Müllers draußen auf den Wiesen am Wasser und auch verbotenerweise in der Mühle. Mein Vater unterhielt sich weiter mit den Müllersleuten. Am Nachmittag ging es dann mit dem Mehl wieder heim.

Staudernheim war bekannt für seine Kunst-Radfahrer. Irgendwann (ich konnte bisher nicht das Jahr ermitteln) errang eine Formation des Vereines die Deutsche Meisterschaft. Und sie fuhren nicht etwa nach Hause nach Staudernheim, NEIN! Sie kamen zu Herbert in den “Sächsischen Hof” und feierten dort ausgiebig. In Staudernheim machte man sich erst Sorgen, dann fing man an zu telefonieren - und letztendlich fanden sie ihre Sieger. Schließlich sollte ihnen ein “großer Bahnhof” bereitet werden.

Als ich 12 Jahre alt war beschloss mein Vater, dass ich getauft werden sollte (und mein Bruder gleich mit), damit ich konfirmiert werden konnte. Nicht aus religiösen Gründen, sondern er begründete das so:

Jedes Kind hat “seinen” Festtag: Das katholische die Kommunion, das protestantische die Konfirmation, man könnte es weiterführen: das jüdische die Bar Mizwa, das islamische (?) - und vor allem erzählte er immer davon, dass er, als er aus der Kriegsgefangenschaft nach Hause kam, die Konfirmation eines Nachbarskindes mit feiern konnte (für ihn nach dieser Zeit ein "Himmel auf Erden"). So etwas wollte er auch seinen Kindern ermöglichen.

In Waldböckelheim gab es einen relativ neuen protestantischen Seelsorger, der auch ab und zu in einem Nebenraum unserer Gaststätte Gottesdienste abhielt; er stammte wohl wie mein Vater aus der "Ostzone". Dieser Pfarrer erklärte sich bereit, uns - mich und meinen Bruder (in einem Aufwasch) - zwar in unserem Zuhause, aber doch in seiner "Kirchen-Dependance" zu taufen.
Normalerweise werden ja nur Kinder getauft, wenn mindestens ein Elternteil der Kirche angehört.
Jedoch war er unkonventioneller als die früheren Pfarrer; es war auch ungewöhnlich, dass seine Frau nie zum Gottesdienst ging. Aber früher war er Arzt gewesen, und erst nach dem 2. Weltkrieg hatte er sich entschlossen, Theologe zu werden. Und sie sagte: "Ich habe einen Arzt geheiratet, keinen Theologen." Diese seine Entscheidung konnte sie wohl nicht mittragen.

Trotzdem ging ich nach Sobernheim zum Pfarrunterricht, für den Weg dorthin am Nachmittag hatte ich zum Geburtstag ein Fahrrad geschenkt bekommen. Und ich wurde auch dort in der Evangelischen Kirche konfirmiert. Zum ersten Abendmahlgang begleiteten mich dann meine Paten.

Auch der dortige Pfarrer war recht unkonventionell; und manchmal eckte er mit seinen Aussagen während seiner Predigten bei seinen "Schäfchen" an. Nach seiner Pensionierung, als er dann kein Seelsorger, sondern eben ein freier Mann war, traf er sich oft mit meinem Vater, dem "Heiden" auf ein Glas Wein und auf einen Plausch.

Jedenfalls - ich hatte "mein" Fest - dank meinem Vater! Und was war es für ein Fest! Es wurden ein Rind und ein Schwein geschlachtet! Ein professioneller Koch wurde engagiert, der ein paar Tage lang die Küche regierte, nachdem natürlich schon lange besprochen worden war, was es denn zu essen geben sollte. Die ganze Verwandtschaft aus nah und fern war eingeladen, es kamen mindestens ca. 50 Leute, denke ich mal heute so im nachhinein. Sogar meine Cousine Waltraud, ihr Mann und ihr Schwager waren aus München angereist.
Das war ein positives "Highlight" meiner Kindheit.

In den darauf folgenden Sommerferien durfte ich nach München fahren, alleine, mit der Bahn. Aber dort gefiel es mir nicht so ganz. Ich war sehr gehemmt, bekam - klar - meine Periode und traute mich nicht, etwas zu sagen. Hinzu kam, dass Waltraud endlich, nach sieben Ehejahren, schwanger war und deshalb etwas empfindlicher reagierte und auch nicht so belastbar war; aber das wusste ich nicht, das sagte mir niemand.
Zurück fuhren wir mit ihrem Käfer. Mittagsrast war an der Raststätte Baden-Baden, wo ich das erste Wiener Schnitzel meines Lebens aß, das natürlich in meiner Erinnerung das beste war, das ich jemals bekam.

Waltraud und ihr Mann waren dann die ersten überfürsorglichen Eltern, die ich erlebte. Sie kamen immer mal zu uns zu Besuch. Ihr Sohn wurde entsetzlich verzogen. Nicht nur, dass zumindest ein Elternteil immer mit ihm zu Bett ging; er durfte von klein auf bestimmen, welches Fernsehprogramm geschaut wurde (auch wenn sie bei uns zu Gast waren!), und wenn ihm das gerichtete Essen nicht zusagte, kochte Waltraud ihm ein eigenes Süppchen. Das erregte bei mir natürlich erheblichen Widerwillen, waren WIR doch ganz anders erzogen worden - besonders ich.

Negativ war, dass ich, seit ich 12/13 war, immer wieder von unserem damaligen Knecht Willi sexuell bedrängt wurde. Nicht, dass er mich vergewaltigt hätte, das hatte er sich dann doch nicht getraut. Aber er betaschte mich, wann immer es ihm möglich war, und er wollte mich küssen, was ich besonders eklig fand. Und ich, die ich vollkommen unaufgeklärt war, wusste ihm nichts entgegen zu setzen. Meine Bitten, ihn nicht in seinem Zimmer aufsuchen zu müssen, um ihm irgendwelche Anweisungen zu übermitteln, stießen bei meiner Mutter auf taube Ohren. Denn einmal kam es dazu, dass er mich auf sein Bett stieß, sich an mir rieb, bis er wohl einen Orgasmus hatte. Aber aufgrund meiner Unaufgeklärtheit konnte ich das auch nicht artikulieren - was hätte ich sagen sollen?! Es war für mich die Hölle.
An die Wäsche wollte mir auch der Bruder meines Vaters, der irgendwann mal zu Besuch aus der "Ostzone", aus Dresden, gekommen war. Er versuchte auch immer, mich zu betatschen und mich anzufassen. Einfach eklig fand ich das!!! Und dann wurde auch noch von mir verlangt, dass ich ganz alleine mit ihm nach Bad Kreuznach fahren sollte!

Wann bei einem Streit zwischen mir und Frieda der Satz fiel: "Und das ist nun der Dank für die Schmerzen, die ich bei deiner Geburt erleiden musste.", weiß ich nicht mehr genau; es war wohl irgendwann zwischen meinem 12. und 14. Lebensjahr. Aber genau so äußerte sie sich, und ich füge dem nichts hinzu.

✧✧✧✧✧✧✧

Der besondere Hefekuchen

✧✧✧✧✧✧✧

Auch wenn Frieda im allgemeinen fürs Kochen und Backen zuständig war - den sonnabendlichen Hefekuchen bereitete meine Großmutter.

Und es begab sich, dass irgend jemand in der erweiterten Familie einen entzündeten Finger hatte. Solche "Umläufe" behandelte man mit einem alten Hausmittel: Bäder in Kernseifen-Lauge. Und diese Lauge stand dann ständig am Rand der Platte des Holz-/Kohle-Ofens in der Küche in einem emaillierten Becher, um sie warm zu halten.

Und einen zweiten solchen Becher mit dem Hefe-Ansatz stellte meine Großmutter daneben.

Und es kam wie es kommen musste: Sie gab erst mal statt des Hefe-Ansatzes die Seifenlauge in den Kuchen; als sie es bemerkt hatte, auch noch die Hefe.

Der Kuchen wurde beim Bäcker gebacken - und er gelang sogar!

Und da mittlerweile alle wussten, was passiert war, und natürlich den Seife-Hefe-Kuchen probieren wollten, war an diesem Samstag der Kuchen erheblich schneller aufgegessen als in jeder anderen Woche.

✧✧✧✧✧✧✧

Ich (1959 - 1962)

✧✧✧✧✧✧✧

Meine erste Periode bekam ich erst sehr spät, erst als ich fast 14 war. Wie gesagt, ich wusste von nichts, war völlig überrumpelt von dieser Tatsache. Die "Aufklärung", die ich daraufhin von meiner Mutter erhielt, war natürlich keine. Sie erklärte mir, dass ich "nun bald eine richtige Frau sei", besorgte mir Damenbinden, ... und das war es dann.

Sehr lange Zeit schämte ich mich für diesen natürlichen Vorgang, und es dauerte viele Jahre, bis ich über körperliche, eigentlich ja natürliche Vorgänge sprechen konnte. Das führte zu den absurdesten Vorfällen, die jenseits allen gesunden Menschenverstandes lagen.

So hatte ich Hemmungen, nach der Toilette zu fragen. Und wenn ich meine Periode hatte, dann zögerte ich - wie blöd! - den Gang zu dieser und den Wechsel der Damenbinde so lange wie möglich hinaus, aus Angst, ich könnte durchgeblutet haben. Und gerade durch mein Verhalten führte ich dies doch herbei!

Dadurch kam es einmal bei einem Sängerfest, als ich dann schon im örtlichen Gesangverein mitsang, dazu, dass ich auf der Bühne während unseres Vortrages, die Blase entleeren musste, man kann schon sagen, sie sich selbst entleerte, da ich vorher in fröhlicher Runde in einer Kneipe mich nicht getraut hatte, zur Toilette zu gehen. Was habe ich mich geschämt!

All diese Dinge, also einmal die sexuellen Belästigungen durch den Knecht, wie auch meine körperlichen Umstellungen, trugen wohl dazu bei, dass meine schulischen Leistungen nachließen. Heutzutage würde man vielleicht nach den Ursachen forschen; aber damals wurde das ganz einfach auf Faulheit, Dummheit geschoben. Und eine Klasse wiederholen, also diese Schande!, das dann doch nicht!

Dazu kam, dass nun - wie schon erwähnt - die Schwester meiner Mutter und deren Mann ihren Bruder/Schwager für tot erklären ließen und ihr Erbe einforderten. Eine ungeheure finanzielle Belastung für meine Eltern!

Also kam es wie es kommen musste: Ich musste das Gymnasium verlassen. Denn meine mangelnden Leistungen und die Zahlung eines Schulgeldes ließen sich nach Friedas Ansicht nicht miteinander vereinbaren. Natürlich fiel auch (zu meiner Freude) der Klavierunterricht diesen Sparmaßnahmen zum Opfer.

Immer wieder, schon während der Schulzeit, jedoch auch später noch, versuchte ich des öfteren, ein Tagebuch zu führen, ihm meine Gedanken anzuvertrauen. Aber Frieda war immer auf der Suche, sie fand sie regelmäßig, nahm sie mir weg, beschimpfte mich deswegen. Sie warf sie aber nicht weg, sondern sie verwahrte sie in ihrem Kleiderschrank - wo ich sie nach ihrem Tod dann fand.

Als ich 14 war, machte mir Frau T. (von einer der Familien aus dem Ruhrgebiet, die immer noch ihre Urlaube bei uns verbrachten) einen "Heiratsantrag"! Bei einem gemeinsamen Spaziergang offerierte sie mir ihren Sohn Manfred, der - glaube ich - ein oder zwei Jahre älter war als ich, als zukünftigen Ehemann.

Wie ich viel später einmal erfuhr, hatte sie darüber auch zumindest mit Frieda gesprochen.
Trotzdem wurde ich, als ich 15 Jahre alt war, während der Schulferien zu dieser Familie nach Schwerte geschickt. Aber ich besuchte während dieser Zeit auch die andere Familie in Unna, die mich am Samstagabend mitnahm zu einer Tanzveranstaltung; dafür hatte mir ihre Tochter Ännchen ein Kleid geliehen.

Mein Zimmer hatte ich mit Fotos von SchauspielerInnen und SängerInnen dekoriert, von einigen hatte ich brieflich Autogramme erbeten - und auch bekommen. Und ich hatte zwei BRAVO-“Puzzles”: lebensgroße Aufsteller von Peter Kraus, Conny Froboess und Elvis Presley.
Einmal war Tante Hilde aus Berlin zu Besuch mit Helmut, dem Jungen, der den Selbstmord seiner Eltern 1945 überlebt hatte. Helmut war sehr beeindruckt; und er fragte sie, ob er mich denn heiraten könne, wegen der Verwandtschaft. Sie sagte ihm, dass das nicht ginge, weil der männliche Teil eines Paares immer intelligenter sein solle als der weibliche. Helmut hatte von dem überlebten Gift-Selbstmord einen kleinen Intelligenz-Schaden behalten.

Ein wöchentlich stattfindendes Ereignis waren die Proben des örtlichen Gesangvereins. Im Winter lieferte der Bäcker dazu Laugenbrezel - die besten, die ich je gegessen habe. Zuerst sang ich im Sopran, später, nach meiner Scheidung, dann Alt. Und die anderen “Alten” stritten fast darum, wer neben mir sitzen durfte, denn ich konnte im Gegensatz zu den anderen Noten lesen und vom Blatt singen. Und wenn der Dirigent mal bei einem “Auftritt” fehlen musste, dann durfte ich den Chor dirigieren.

Wie gesagt: Ich musste nach der Mittleren Reife die Schule verlassen. Für eine Versagerin wie mich wollte meine Mutter kein Geld mehr ausgeben, außerdem gab es ja einige andere Verpflichtungen.

Nach dem desaströsen Versuch einer Lehre in einer Drogerie, wo ich Morgen für Morgen voller Angst hin ging, erreichte es mein Vater, dass ich eine Handelsschule in Bingen, die neu gegründet worden war, besuchen konnte.
Dort gefiel es mir! Obwohl es ein sehr weiter Schulweg war. Um 6 Uhr in der Frühe musste ich aus dem Haus, mit dem Fahrrad nach Sobernheim, wo ich das Fahrrad in einer bahnhofsnahen Gärtnerei unterstellen durfte. Dann fuhr ich mit dem Zug nach Bingerbrück, und musste noch ein ganzes Ende zu Fuß bis zur Schule in Bingen gehen.

Wir waren nur 6 Schüler in der Klasse. Herrlich! Ein Wermutstropfen war natürlich auch dabei: Wenn ich von meinen Mitschülerinnen eingeladen wurde, durfte ich nicht hin. Denn: Feiern und Übernachten bei irgend-welchen fremden Menschen, die ihr nicht bekannt waren - das dann doch nicht!

Auch das Angebot eines Ministeriums in Mainz, nach Abschluss der Schule dort zu arbeiten, durfte ich nicht annehmen. Frieda wollte mich unter ihrer Kontrolle haben.

Einmal in dem Jahr dort in der Handelsschule, veranstalteten wir einen "Wandertag", einen gemeinsamen Ausflug per Fahrrad, und der führte - zu uns nach Hause. Eine gehörige Strecke, 30 km, also 60 km hin und zurück. Aber ich "durfte" dann zu Hause bleiben; obwohl ich gerne wieder mit zurück nach Bingen gefahren wäre, und es eher so empfand, dass ich zuhause bleiben "musste".

Damals meinte man, es wäre "cool", wie man heute sagt, oder schick, und man fühlte sich erwachsener, wenn man rauchte. Also machte ich den Versuch auf dem Heimweg von der Handelsschule im Zug von Bingerbrück nach Sobernheim. Gott, war mir schlecht! Hätte ich es nur daraufhin gelassen!

Aber das tat ich leider erst 45 Jahre später, als ich dann nicht mehr einsah, jeden Monat 150 - 200 mittlerweile Euro in die Luft zu blasen. Und mit Unterstützung einer Hypnosetherapeutin, die mir auch bei der Bewältigung meines extremen Lampenfiebers geholfen hatte, schaffte ich es ganz ohne Probleme.

Während dieser Zeit in der Handelsschule kam auch Yolande aus Revin zu Besuch. Sie passte eigentlich gut zu Frieda, war genauso "gut französisch" wie Frieda "gut deutsch" war. Yolande (mein Vater amüsierte sich immer schon köstlich über diesen Vornamen, da es wohl mal einen Film gegeben hatte, in dem ein Schwein so hieß) - also Yolande weigerte sich beharrlich, Deutsch zu sprechen, obwohl sie ja sicher genauso lange diese Sprache in der Schule lernte wie ich Französisch. Da war nichts zu machen!

Einmal machte ich mit ihr einen Ausflug nach Bingen, wir trafen dort eine Schulfreundin aus der Handelsschule, und eigentlich wollte ich mit ihr auch nach Rüdesheim und zum Niederwald-Denkmal. Aber da weigerte sich Yolande beharrlich. Ich und meine Freundin wussten damals (noch) nicht, dass dieses Denkmal zum Andenken an einen Sieg der Deutschen über die Franzosen im Krieg 1870/71 erbaut worden war. Sie wusste das schon!

An einem Sonntag während ihres Aufenthaltes bei uns kamen ihre Eltern, ein Onkel und eine Tante von ihr zu Besuch. Frieda weigerte sich strikt, mich ins feindliche Frankreich reisen zu lassen, also bekam ich einen Pulli geschenkt, genau so einen, wie Yolande ihn trug, und der mir immer so gut gefallen hatte.
Und anschließend hatten wir keinen Kontakt mehr zueinander.

Ich arbeitete nach Abschluss der Schule im Büro einer Großhandelsfirma in Bad Kreuznach, deren Familie aus Waldböckelheim stammte und Frieda bekannt war.

Ich genoss es, mein selbstverdientes Geld für schöne Dinge auszugeben! So z. B. für einen Stockschirm, der doppelwandig gearbeitet war, außen uni dunkelrot, innen weiß mit roten Punkten. Teuer war er: 65 DM kostete er. Aber er überlebte vieles; auch die Beziehung zu K. und die Scheidung von ihm, und noch viel mehr. Erst ein Kollege brach dann Ende der 60er Jahre bei einem Blödsinn im Büro den Handgriff des Stockes ab. Schade.

Und Schuhe kaufte ich, die ich mir eigentlich gar nicht leisten konnte. Meist im Schuhgeschäft der Eltern meiner Schulfreundin Waltraud. Manchmal kosteten sie bis zu 150 DM, also meinen ganzen Monatsverdienst.

Und ich hatte wohl meine Freude daran, den spießigen Dorfbewohnern zu zeigen, wie spießig ich sie fand. Ich erinnere mich, dass ich mal im Sommer mit dem Bus von meiner Arbeit in Bad Kreuznach gegen Abend nach Hause kam. Ich trug einen schmalen hellen, längsgestreiften Rock und eine weiße Bluse, die hinten geschlossen wurde. Komisch, wie man manche Dinge nach so vielen Jahren immer noch vor Augen hat, als wären sie gestern passiert.

Auf Höhe des Nachbarhauses der Familie M., die ich schon mal erwähnt hatte, fuhr ein Auto an mir vorbei, der mir unbekannte Fahrer hupte, Frau M. fragte: "War ER das?" Und ich antwortete: "Nein, das war nicht ER, das war der andere." Schlagfertig war ich!

Auch mit meiner Kleidung provozierte ich gerne. So kaufte ich mir, ich werde 16 oder 17 Jahre alt gewesen sein, einen sommerlichen rosa Hosenanzug, die Hose nabelfrei, die weiße Bluse mit rosa Stickerei endete kurz unter dem Busen. Sonst hätte sich niemand in Steinhardt getraut, so etwas zu tragen. Und wenn ich das heute im Freundeskreis erzähle, dann wundern die sich, dass es so etwas damals überhaupt schon gab.

An dieses Outfit erinnerte ich mich vor einigen Jahren als ich im Winter mit der S-Bahn nach Obertshausen zum Klarinetten-Unterricht fuhr. Ein hübsches junges Mädchen setzte sich mir gegenüber. Sie trug Grün und Pink. Blonde Haare, die Spitzen pink, Mütze in grün-pink, passend zur dicken Cordjacke. Ein bisschen gepierct war sie auch. Und ich dachte so für mich: "Wenn es damals schon Piercing gegeben hätte, vielleicht hätte ich mir dann sowas auch machen lassen. Einfach als Provokation." Und ich musste die junge Frau freundlich anlächeln - wo andere in meinem Alter sicher den Kopf geschüttelt hätten.

Besonders eines machte mir Kummer: meine Körpergröße - eigentlich ja Körperkleine. Ich erreichte nur 160 cm und wäre doch gerne wenigstens ein bisschen größer gewesen. Aber leider war da nichts zu machen, und auch meine Eltern waren nicht groß gewachsen. Heute sind es nicht mal mehr diese 160 cm - jedoch belastet es mich schon lange nicht mehr.

So wie Herbert für meine Ausbildung in der Handelsschule gesorgt hatte, so sorgte er auch trotz eigener finanzieller Sorgen dafür, dass ich in Sobernheim die Tanzschule besuchen konnte. Denn: Abends fuhr ja kein Bus mehr von Sobernheim nach Steinhardt, und ein Auto hatte er (noch) nicht.

Also setzte er sich erst mal mit den Eltern meiner Schulfreundin Inge M. in Verbindung, evtl. sollte die auch die Tanzschule besuchen, und ich hätte bei ihr übernachten können.

Aber es fand sich eine andere Lösung: Ein Junge aus Steinhardt, ungefähr im gleichen Alter wie ich, wollte auch Tanzen lernen, und sein älterer Bruder holte uns mit dem Auto in Sobernheim ab. Wenn das mal nicht möglich war, dann teilten wir uns eben die Kosten für ein Taxi.

Beim Abschlussball war ich die Ball-Königin und führte zusammen mit meinem Tanzpartner, einem früheren Schulkameraden vom Gymnasium, die Polonaise und den Wiener Walzer an. Und Herbert feierte den ganzen Abend ein fröhliches Fest, so recht nach seinem Geschmack. Feiern ließ er sich nie entgehen.

Leider musste ich in meiner "Position" auch mit dem Tanzlehrer tanzen - ein Bild für die Götter!
Die Tanzlehrerin war eine ältere Dame; mittlerweile hatte einer ihrer Söhne den Posten ihres nun kränklichen Mannes als Tanzlehrer übernommen. Nur: Diese Herren waren entsetzlich groß, also mindestens 2 m, wenn nicht mehr. Und dazu dann ich "Gutsje", die Kleinste von Allen, mit ihren gerade mal 160 cm. Wie gesagt: Ein Bild für die Götter! So sehe ich das heute, damals war mir das einfach nur peinlich.

Mein Vater hatte wegen der Verbindlichkeiten und der nicht mehr so gut gehenden Gastwirtschaft (viele hatten nun selbst zuhause Fernsehen und gingen nicht mehr so oft in die Kneipe) eine Arbeit angenommen, erst bei einer Baufirma, dann in einer Fabrik bzw. Gesenkschmiede, deren Inhaber mit uns verwandt waren.

Samstags nach Arbeitsschluss (die Arbeiter wurden mit einem Firmenbus gefahren) kamen oftmals alle noch mit in unsere Gaststätte.

Und Frieda hatte bald einen Mann nach ihrem Geschmack für mich ausgeguckt. Entschuldigt, aber eine Puffmutter hätte das wohl genauso gemacht. Sie wollte nun die Herrschaft über mich an einen ihr genehmen Mann abtreten:
Es war ein Arbeitskollege meines Vaters, Elektriker, vielleicht so ungefähr 25 Jahre alt.

Ich erinnere mich noch an einen Vorfall, der sich auf der Treppe vom Haus in den Hof abspielte: Ich war gerade von der Arbeit gekommen, wollte einfach meine Ruhe haben. Sie störte sich an meinen hochhackigen Schuhen, und ich sollte gleich etwas essen. Ich wollte weder meine schicken Schuhe ausziehen, noch wollte ich zu diesem Zeitpunkt etwas essen.

ER zog mir mit ihrer Hilfe die Schuhe aus und holte mir ein Brot mit Leberwurst aus der Küche, und sie zwangen mich, das zu essen!

Als ich eine neue Zimmereinrichtung bekommen hatte, musste ich ihm auf ihr Geheiß das Zimmer zeigen, mit dem Ergebnis, dass er seinen Schniedel heraus holte und von mir verlangte, ihn anzufassen. Besonders eklig für mich, die ich ja KEINE Ahnung hatte, die ich vollkommen unaufgeklärt war. Aber sicher wäre das für jede andere auch eklig gewesen.

Frieda lud ihn dann zu meinem 17. Geburtstag ein. Er hatte sich das Auto des Chefs geliehen. Mir war mittlerweile sehr unwohl in seiner Gegenwart. Ich denke, junge Leute sollten anders miteinander umgehen. Frieda meinte, wir könnten doch noch zusammen wegfahren, "ausgehen".

Die Fahrt zum "Ausgehen" führte in einen Waldweg, wo er mich im Auto entjungferte. Ich muss heute noch grinsen bei der Vorstellung an die hellgrauen Autositze des Mercedes seines Chefs, die voller Blut waren. Was musste er am nächsten Tag putzen! Zum Glück hatte ich kaum Schmerzen bei der Entjungferung. Wie gesagt - ich hatte keine Ahnung; noch nicht einmal der Begriff "Entjungferung" bzw. "Jungfrau" war mir geläufig. Da ich auf seine Frage danach nicht reagierte, meinte er, ich hätte wohl gerade meine "Tage" bekommen.
Frieda reagierte auf mein mit Blut getränktes hellgrünes Kleid mit der Bemerkung: "Ach, schade, dass du dir Cola übers Kleid gegossen hast." Dass sich der Schaden am Hinterteil des Kleides befand, hatte sie wohl übersehen.

Ach so, ja: Der besagte Elektriker ließ sich nicht mehr blicken.

Dann fand, aus welchem Grund auch immer, ein Tanz-Abend in Sobernheim statt, zu dem meine Eltern mich mitnahmen. Herbert knüpfte wieder Kontakte. Diesmal mit dem Vater einer früheren Schulkameradin von mir, dem Vorsitzenden des Sobernheimer Tennis-Vereines. Ab sofort ging ich also zum Tennisspielen. Auch wenn das kein Sport war, der mir zusagte. Aber der Vorsitzende förderte mich sehr, denn auch er wollte mir an die Wäsche.

Ich weiß nicht, doch manchmal kommt es mir so vor, als ob junge Frauen, die sich nach Zuwendung sehnen, weil sie die zu Hause nicht bekommen, einen besonderen Duft aussenden, den nur Männer wahrnehmen können, und der signalisiert: Hier hast du eine Chance. Diese Frau ist leicht zu haben.

Später dann begab es sich, dass dieser Mann, Inhaber eines Ladens, wohl dem Finanzamt Geld hinterzogen hatte (ja, auch das gab es damals schon!). Als der Gerichtsvollzieher dieses Geld eintreiben wollte, ging der Ladenbesitzer in den Keller seines Geschäftes und versuchte, sich zu erhängen. Aber es blieb beim Versuch, der Gerichtsvollzieher fand ihn rechtzeitig (obwohl das je nach Sichtweise auch anders ausgelegt werden kann).

Da eine Nachbarstochter sich mit einem Gastwirtssohn in Staudernheim verlobt hatte (obwohl sie ganz andere, viel bessere Chancen gehabt hätte, wie Frieda sagte), und während der Kirmestage dort in der Gaststätte mit großem Saal aushalf, durfte ich mit ihr hinfahren. Ich machte schnell die Bekanntschaft eines jungen Mannes, der bei der neu etablierten Bundeswehr in Sobernheim war.
Ganz unerwartet spielte die Kapelle einen Twist - der neueste Schrei aus Amerika, und ich hatte das schon mal im Fernsehen gesehen. Und wir tanzten Twist - und der Saal stand Kopf, sozusagen; jedenfalls war es so, dass dieser junge Mann und ich tanzten während alle anderen Tanzpaare um die Tanzfläche herum standen und klatschten.

Am späten Abend / frühen Morgen dann brachte mich dieser junge Mann nach Hause, zu Fuß! 3 km nach Sobernheim, von da nochmal 3 km bergauf nach Steinhardt. Und das nach einer solchen durchtanzten Nacht! Gott, was waren wir fit damals!
Und alles ganz brav! Mit diesem jungen Mann hätte ich sicher ein ruhiges Leben führen können. Aber wer will schon ein Leben lang ein ruhiges Leben?!

Eine ganze Weile kamen einmal in der Woche einige amerikanische Offiziere in unsere Gaststätte. Herbert bewunderte besonders das Auto eines der Herren, einen Pontiac, wie ich noch weiß, und durfte ihn sich auch "hautnah" anschauen. Und ich hegte eine gewisse Hoffnung, wie Ihr Euch denken könnt. Auch wenn so ein Verhältnis von Frieda wohl nicht geduldet worden wäre, denn lt. Großmutter waren DIE und Mr. Churchill ja Schuld an dem Untergang der Nazis. Aber es wurde nichts daraus:

Eines Tages war ich nicht zu Hause als diese Herren kamen, Herbert wohl auch nicht, es war an einem Tag im Juli; die Monteure von Siemens, die die Telefonanlage der BW-Kaserne warteten, und die bei uns wohnten, stach der Pfeffer. Sie äußerten sich wohl sehr despektierlich über die Amerikaner, wie ich später erfuhr. Diese Offiziere kamen ab sofort nicht mehr; und der Traum von der großen weiten Welt war für mich erst mal ausgeträumt.

Einige Zeit danach (1962) lernte ich im Schwimmbad in Sobernheim K. kennen. Alle Mädchen wollten ihn - ich bekam ihn - leider!

Frieda war begeistert. Endlich ein Mann nach ihrem Geschmack! Sie war echt stolz, dass nun Tag für Tag ein Auto mit HH-Kennzeichen vor ihrem Haus parkte - und nahm es fast persönlich, als dann das Auto nach einer gewissen Zeit umgemeldet werden musste.

K. war Angehöriger dieser schon erwähnten neu gegründeten BW-Einheit in Sobernheim, von Beruf Kfz.-Mechaniker, daher in der Kfz-Staffel eingesetzt.

Es schien alles in Ordnung zu sein, auch wenn bei kleineren Streitigkeiten "unter Liebenden", die ja gelegentlich mal vorkommen sollen, Frieda immer auf Seiten von K. stand. Auch wenn sie, wie sie später mal monierte, ihm Wäsche kaufen musste, weil er da von Hause aus nichts vorzuweisen hatte; aber solche Kleinigkeiten waren mir als frisch verliebter Frau ja egal.

Ende Oktober des gleichen Jahres, an seinem Geburtstag, verlobten wir uns still und heimlich und ohne Feierlichkeiten, so wollte ich es: Eine "heimliche", intime Feier, romantisch - so war meine Vorstellung. Ich Idiotin! Sicher hatte ich zu viele Liebesromane gelesen!

Der Einzige, der mich vor meinem übereilten Schritt warnte, war mein Kollege, Cousin meines Chefs. Aber ich war nicht bereit für Bedenken.

Irgendwann danach, jedoch wohl noch vor Weihnachten, es war bitter kalt, fuhren wir in seinem "neuen" gebrauchten DKW 3=6 (ach, was war das für ein tolles Gefährt!) zu seinen Eltern nach Hamburg. Sein Vater war ein "Herr", Geschäftsführer der DSG in Hamburg-Altona, der im Cut zur Arbeit ging - seine Mutter ... sah für mich aus wie eine Schlampe: zottelige lange Haare, ungepflegtes Erscheinungsbild, selbst für mich Land-Ei! Ich war entsetzt! Was hat sie geprahlt mit ihrem Sohn, wie toll er war

... damals als sie ihn noch unter ihrer Aufsicht hatte; seine Privat-Klamotten (auch seine Unterwäsche) befanden sich alle in Hamburg in den Schränken, mussten dort bleiben, da duldete sie keinen Widerspruch. Ich war für sie nur ein kleines Nichts. Und so fühlte ich mich auch!

Beim gemeinsamen Frühstück am Sonntagmorgen suchte ich Zucker für meinen Kaffee - und nahm statt dessen Salz, das in einer Zuckerdose auf dem Tisch stand. Tapfer wollte ich dieses Gemisch zu mir nehmen - aber meine Schwägerin in spe hatte das bemerkt und erbarmte sich meiner.

Alles in allem fühlte ich mich dort nicht wohl. Da konnte selbst der gut aussehende Vater nichts dran ändern.

Einigermaßen wohl fühlte ich mich nur bei der Familie seiner Freunde Hans-Jürgen und Rena in Fuhlsbüttel. Da wurden auch meine schon damals vorhandenen Strick-Künste bewundert; K. trug so ein Werk von mir, was bei seiner Größe von 1,90 m schon eine gehörige Strick-Ausdauer voraussetzte.

Mit den beiden machten wir auch an einem Sonntag einen Ausflug nach Travemünde. Auf der Rückfahrt waren wir in einem Rasthaus; alle tranken Grog, genannt Eisbrecher - ich aß einen Eisbecher.

Vor Weihnachten dann, ich weiß, dass es nach einer BW-Weihnachtsfeier war, fuhr K. sein schönes Auto zu Schrott. Betrunken war er, klar. Und die Opernkarten fürs Staatstheater Wiesbaden für Undine von Lortzing landeten im Feuer.

Ich hatte Mühe, diese beiden Ereignisse zeitlich einzuordnen. Aber ich erinnerte mich, dass wir mit dem DKW in Hamburg waren und dass es saukalt war; und ich weiß auch noch, dass das mit dem Unfall nach einer feucht-fröhlichen Weihnachtsfeier war, und dass ich damals noch in der alten Großhandelsfirma arbeitete. Denn mein Chef meinte danach, ich hätte doch ihn anrufen sollen wegen der Opernkarten, dann wäre er mit seiner Frau nach Wiesbaden gefahren. Außerdem wäre ich ein Jahr später im 6. Monat schwanger gewesen und sicher nicht mehr in die Oper gegangen. Ich habe später auch nicht mehr in dieser Firma gearbeitet, es hätte also keine Gelegenheit mehr gegeben, dass mir Herr B. dies gesagt hätte.

Und in Hamburg waren wir gemeinsam dreimal: das erste Mal im Winter, dann im Sommer nach unserer Heirat, und dann noch einmal kurz nach der Geburt unseres Sohnes.

✧✧✧✧✧✧✧

Opa und Enkel gehen zur Toilette

✧✧✧✧✧✧✧

Es war wohl Ende der 1960er Jahre, dass mein Vater wieder zur Reha in Bad Münster am Stein war, und wir (Frieda, Heiko und ich) ihn besuchten.

Wir gingen gemeinsam in eine Gaststätte in Bahnhofsnähe. Es war recht gut besucht.

Ich war zur Toilette im Keller gegangen und hatte meinen Sohn mitgenommen, damit er auch Pipi machen konnte.

Kurz danach ging dann mein Vater zur Toilette und Heiko wollte unbedingt mitgehen; auch wenn ich ihn erinnerte, dass er doch kurz vorher mit mir gegangen war. Also: Er ging mit Opa zur Toilette.

Er kam danach die Treppe rauf gestapft und rief schon von weitem, und durch die ganze Gaststätte hallend: "Mama! Mama! Ich konnte aber nochmal Pipi machen!"

Klar, dass alle Anwesenden schallend lachten.

✧✧✧✧✧✧✧

Ich (1963 - 1966)

✧✧✧✧✧✧✧

In ein ganz besonderes Fettnäpfchen, jedenfalls nach Ansicht von Frieda sowie K., trat ich im Frühjahr 1963, als ich mich ganz gegenteilig zu meiner Würde und meinem Status als Verlobte und Bald-Ehefrau benahm:

An einem schönen Vorfrühlings-Samstag, ich war von der Arbeit wieder zu Hause, K. war noch im Dienst, war mir danach zumute, dass ich meine Rollschuhe nahm und in eine Seitenstraße zum Rollschuhlaufen ging. Ich fand da nichts bei. Es war doch ein unschuldiges Vergnügen, oder? Aber nicht für Frieda und meinen Verlobten! Für die benahm ich mich damit voll daneben. So etwas tut man eben nicht, wenn man ... ; und "was die Leute da denken und sagen" ...

Am 03. Mai 1963, dem Geburtstag seines Vaters, heirateten wir mit Sondererlaubnis, da ich ja erst 18 war und man damals erst mit 21 volljährig wurde. Mit großem Brimborium. Und mit einer spalierstehenden BW-Staffel vor der Kirche, angeführt vom Hauptmann persönlich. Ich natürlich ausgestattet mit einer ordentlichen Aussteuer: Küche, Schlafzimmer. Die Küche natürlich mit dem Notwendigen ausgestattet, für Bettwäsche, Handtücher, Silberbesteck usw. war ja schon lange gesorgt worden.

Damit begann das größte Desaster meines Lebens. Meine Rollschuh-Exkursion hätte mir eine Warnung sein können.
Was war ich für ein Schaf! Es gab genug Anzeichen für aufziehende Probleme, aber ich wollte sie nicht sehen!? Vielleicht bzw. sicher fehlte mir

damals auch die notwendige Lebenserfahrung dafür. Frieda wollte mich ja nicht mütterlich behüten, sondern mich verheiraten und unter die Aufsicht eines Mannes nach ihrem Geschmack bringen.

Aber gleichzeitig behielt sie mich auch unter ihrer Aufsicht. Denn: Sie bot an, dass wir mietfrei im oberen Stockwerk wohnen konnten. Eine Küche und ein Schlafzimmer wurden als Teil der Mitgift eingerichtet, ins Schlafzimmer kam auch meine Bettcouch und der Couchtisch aus meinem früheren Zimmer, das nun Küche wurde. Da K.s Sold als "Nato-Zebra" ja auch nicht gerade hoch war, nahmen wir leider dieses Angebot an. Ich drängte zwar später darauf, in eine eigene Wohnung zu ziehen, doch daraus wurde nichts. K. wollte nicht in die BW-Siedlung ziehen, wo die Mieten bezahlbar gewesen wären, und alles andere war dann letztendlich nicht bezahlbar, vor allem bei seinen kostenspieligen Hobbies: Autos zu Schrott fahren, Saufen und Fremdgehen.

K. wohnte ja schon einige Zeit quasi mit im Haus, und entgegen den geltenden Gesetzen duldete Frieda es stillschweigend, dass wir das Bett teilten. Und dann warf er mir eines Tages vor, dass ich nicht von ihm schwanger werden könne, da ich keine Jungfrau mehr gewesen sei als wir zum ersten Mal miteinander Geschlechtsverkehr hatten.

Da bleibt einem doch die Spucke weg! Mir damals sowieso, unaufgeklärt wie ich war! Jetzt hier beim Schreiben muss ich darüber laut lachen, wie idiotisch er doch war - als wenn ich das nicht schon lange gewusst hätte.

Wie dem auch immer sei, entgegen seiner Prophezeiung wurde ich im Juni schwanger - und es war mir schlecht, schlecht, schlecht am Morgen, fast genau 3 Monate lang. Nichts im Magen aber k..., entsetzlich! Und das jeden Tag. Mein Appetit ließ überhaupt sehr zu wünschen übrig in dieser frühen Zeit meiner Schwangerschaft. Doch da muss man eben durch in diesen anderen Umständen.

Ganz schlimm war es bei einem "Sommerurlaub" bei seinen Eltern in HH. Da wurde mir so einiges aufgebürdet.

Zum einen konnte mich seine Mutter nie in Ruhe lassen. Sie animierte mich dauernd zum Essen - aber ich wollte doch nichts, oder kaum mal etwas. Warum konnte sie das nicht einsehen, dass mir meist alleine beim Gedanken an Essen schlecht wurde? - zumindest morgens und mittags, gegen Abend ging es ja dann.

Zum zweiten bat mich mein Circa-Drei-Monats-Ehemann bei einem Spaziergang um die Scheidung. Häh?! Ich dachte, mich tritt ein Pferd. Ich willigte da - natürlich - nicht ein - leider.

Zum dritten "verschwand" mein Ehemann-wider-Willen bei einem Reeperbahn-Besuch mit einem anderen jungen Paar, das wir beim abendlichen Kneipenbesuch kennengelernt hatten, mit einer jungen langhaarigen Blondine (obwohl er doch, wie er immer sagte, Brünette bevorzugte).
Der Bekannte wollte es ihm heimzahlen und tat das absolut Falsche: Als K. wieder kam, küsste dieser Bekannte mich. So hatte ich natürlich den Schwarzen Peter. K. berichtete mein Benehmen seiner Familie, seines verschwieg er natürlich. Das Entsetzen über mich war selbstverständlich groß.

Trotzdem fand ich diesen Abend äußerst interessant, vor allem den Besuch in einem Transsexuellen-Lokal. Wenn das Frieda gewusst hätte!
In Steinhardt hatte ich da selbstverständlich auch keinen Rückhalt, denn "als verheiratete Frau benimmt man sich nicht so, und was Männer tun und tun dürfen, ist etwas ganz anderes".

Frieda hatte mir bei meiner Hochzeit ihr recht wertvolles, mit Diamanten besetztes Gold-Armband geschenkt, das schon lange in ihrem Besitz war. Nach einer Feier, wir waren erst spät nach Hause gekommen, zog ich es aus und legte es auf meinen Nachttisch statt es gleich in den Schrank zu packen. Am nächsten Morgen nahm sie mir das Armband wieder weg, weil ich es nicht ordnungsgemäß behandelt hatte. Genauso erging es mir auch später mit meiner Blockflöte, die sie dann an Susanne weiter gab. "Ich habe sie bezahlt, also gehört sie mir auch; und ich kann damit machen, was ich möchte", so ihre Aussage.

K. hatte einen Job nach seinem Geschmack bei der BW. Zum einen war er oft zu Unteroffiziers-Schulungen in anderen Orten, zum anderen machte er bei seiner eigentlichen Truppe eine Ausbildung zum Fahrlehrer.

Das bedeutete: Während der Schulungen war er sowieso nicht anwesend - und keiner kontrollierte ihn. Als Fahrlehrer war er auch oft abwesend, z. B. abends für "Nachtfahrten", wohin und zu wem sie auch immer gingen. Gute Ausreden für gerne und oft fremdgehende Ehemänner. Aber nicht oder nur sehr schlecht zu kontrollieren für betrogene Ehefrauen.

Wenn er dann nachts oftmals betrunken nach Hause kam, prügelte er mit Vorliebe auf mich ein, schwanger oder nicht. Frieda meinte dazu nur:

“Wenn er dich verprügelt, wird er einen Grund dazu haben.”
Und wenn ihm schlecht wurde und vors Bett kotzte, wischte sie es weg. “Männer sind halt so.” Die durften bei Frieda ALLES.

Im Prinzip war die Zeit, in der er wochenlang zu irgendwelchen Lehrgängen weg war, die für mich angenehmste. Wie Ferien vom grausigen Alltag. Dann sass ich oft nächtelang in meinem Schlafzimmer auf der Couch, strickte, hörte Radio. Besonders die Nachtmusik-Sendung des HR liebte ich.

Einmal im Monat trafen sich am Abend BW-Kollegen-Ehepaare, natürlich meist in Sobernheim. K. ging hin, ich musste zuhause bleiben; ich wusste auch meist gar nichts davon. Einmal fand so ein Treffen in unserer Gaststätte statt - mir verweigerte er die Teilnahme. Ich war ihm nicht schön genug, die Frisur war ihm nicht recht, meine schwangere Figur wahrscheinlich sowieso nicht. Ich sass also im Nebenzimmer vor der Glotze, und er mit seinen Kollegen und deren Frauen im Gastraum. Was er denen als Grund für mein Fehlen erzählte? - Keine Ahnung. Aber sicher gab es auch an diesem Abend Prügel.

Um Geld für seine Hobbies zu sparen, kam er eines Tages auf eine seiner Meinung nach grandiose Idee, als er erfuhr, dass meine Verwandtschaft in der näheren und weiteren Umgebung sehr groß war: Er schlug vor, dass wir uns Sonntag für Sonntag bei einer mit mir verwandten Familie einladen sollten, dann bekämen wir jeden Sonntag ein Festessen für lau. Auf so eine Idee muss man erst mal kommen! Natürlich wurde nichts aus der Umsetzung seines Planes.

Am Silvesterabend 1963 sorgte ich mal wieder für unliebsames Aufsehen: Wir alle (mein Vater, Frieda, mein Mann und ich) waren in die nun einzige Dorfkneipe gegangen. Es gab Musik vom Musikautomaten, und ein junger Mann aus dem Dorf forderte mich zum Tanzen auf. Ich nahm die Aufforderung an. Warum auch nicht? Ich war ja nicht krank, sondern nur schwanger. Aber anscheinend war Tanzen für Schwangere nicht im Weltbild von Frieda und K. vorgesehen. Sie machten mir einen schrecklichen Krach.

Einige Wochen vor dem voraussichtlichen Geburtstermin fuhr Frieda mit mir nach Bad Kreuznach, um ein Kinderbettchen, einen Stubenwagen, einzukaufen. Meine Großmutter hielt das für leichtsinnig bzw. verfrüht. Denn, so ihre Meinung: Das Kind könnte ja tot zur Welt kommen oder gleich nach der Geburt sterben, und dann wäre das eine unsinnige Ausgabe gewesen. Nett, nicht? So geht positives Denken!

Anfang März 1964 brachte ich im Krankenhaus in Sobernheim meinen Sohn Heiko zur Welt. Mein Ehemann war damals in Celle zu einer Fortbildung. Er kam direkt nach Hause, musste dann aber nach ein paar Tagen wieder weg. Ich blieb, wie damals üblich, eine Woche im Krankenhaus. Natürlich stillte ich meinen Sohn; ich produzierte so viel Milch, dass ich zwei Kinder hätte stillen können.

Als ich nach Hause kam, blieb mir erst mal die Spucke weg. Ohne mir etwas zu sagen, geschweige denn zu fragen, waren meine Zimmer umgeräumt worden. Das empört mich noch heute. Mag es auch aus gutem Grund gemacht worden sein - man hätte mich fragen müssen! Jedenfalls hatten sie meine Couch vom Schlafzimmer in die Küche gebracht, da die beheizbar war - im Gegensatz zum Schlafzimmer, und da schlief ich dann mit meinem Sohn in der Küche. Gut gemeint, aber ...

K. musste wieder zu seinem Lehrgang. Und ich muss sagen, dass er sich auch als er wieder zu Hause war, erst mal ganz friedlich benahm. Ich wusste natürlich nicht, wie er seine "Nachtfahrten" gestaltete. Später wurde mir dann so einiges zugetragen.

Finanziell war alles noch wie vorher, d. h. ich bekam äußerst wenig Haushaltsgeld, weil er am liebsten seinen Sold ganz allein für sich gehabt hätte. Also suchte ich mir einen Bürojob und fand eine Anstellung bei einem Chirurgen in einer Praxis im Krankenhaus der Diakonie in Bad Kreuznach. So konnte ich wenigstens ab und zu etwas für meinen Sohn und mich kaufen. Aber mal mit den Kolleginnen am Abend irgendwo etwas trinken, das wurde mir von Frieda nicht erlaubt.

Das war anders wenn K. zu Hause war. Er erlaubte mir, ab und zu zu Fastnachtsbällen im Kurhaus in Bad Kreuznach zu gehen. Er fuhr mich sogar hin und holte mich wieder ab. Sicher ging er in diesen Stunden, während ich meinem recht harmlosen Tanz-Vergnügen nachkam, seinem Vergnügen nach. Oh Gott, was war ich damals so naiv!
Er machte mich sogar einmal mit einer Damen-Bekanntschaft in Bad Kreuznach bekannt, deren Ehemann, so glaube ich mich zu erinnern, zur Kur war, und wir verbrachten den Abend und die Nacht zusammen. Einige Jahre später traf ich sie noch einmal.

Es kam vor, dass K., ohne mir etwas zu sagen, angeblich zu seinen Eltern nach Hamburg fuhr, nur Frieda meinte, etwas davon zu wissen. Sie gab natürlich mir die Schuld daran, dass er es mir, seiner Ehefrau, nicht gesagt hatte. Schon komisch!

Ich wechselte den Arbeitsplatz und war halbtags in einer Großhandelsfirma als Sekretärin des Geschäftsführers beschäftigt.

Es war die Zeit der Rassendiskriminierung und der Rassenunruhen in den USA. Manche meiner neuen Kollegen hatten seltsame Anschauungen dazu bzw. maßen mit zweierlei Maß. Auf der einen Seite regten sie sich fürchterlich auf über diese bösen weißen Amerikaner, die die Farbigen so schlecht behandeln und ihnen nicht die gleichen Rechte wie ihnen selbst zugestehen wollten.
Auf der anderen Seite: Ich erzählte, dass dieser nette amerikanische Offizier wieder meinen Vater besucht hatte. Und da sagte doch ein älterer Kollege: "Igitt! Ich würde doch einem Neger nie die Hand geben! Ich hätte Angst, sie wäre nicht sauber!" So viel zur Gleichheit zwischen Schwarz und Weiß.

Ich gönnte mir etwas, was ich mir schon immer gewünscht hatte, und das erst mal ohne Wissen von Frieda oder K. - ich stellte sie vor vollendete Tatsachen: Ich nahm Reitunterricht. Darauf hatte mich eine frühere Kollegin beim Chirurgen gebracht, die das auch machte. Das Gezeter zu Hause war groß, denn vor allem war ja nach ihrer Ansicht Reiten nur etwas für reiche Leute. Aber ich ließ mich nicht beirren. Ein kleines Mädchen aus einem Weinort nahe Bad Kreuznach ist mir gut in Erinnerung geblieben von diesen Reitstunden (ihre Mutter fragte immer höflich, ob sie mir beim Reiten zusehen dürften), Jahre später traf ich sie wieder - da war sie Assistenzärztin in dem Krankenhaus, in dem ich arbeitete.

Noch eine Begebenheit werde ich nie vergessen: Ein einziges Mal kam mein Mann zum Zuschauen während meines Reitunterrichts - und er schwirrte wütend wieder ab, weil ich nicht vom Pferd sprang und ihn begrüßte ... oder so ähnlich. Jedenfalls beschwerte er sich erst mal bei Frieda und dann bei mir, als ich nach Hause kam, mit der Bemerkung, ich hätte ihn so "von oben herab" angesehen. Wie auch sonst?! ☺

Schlimm war auch ein Klassentreffen in Sobernheim, wo er mich hingefahren hatte. Ich weiß nicht, ob das noch 1963 oder schon 1964 war. Jedenfalls hatte ich - eigentlich - einen schönen Abend im Kreise meiner früheren Schulkameraden - bis K. kam, um mich abzuholen. Er trank noch etwas. Musik spielte, und ein Schulkamerad forderte mich zum Tanzen auf - ohne meinen Mann zu fragen. Da war was los! Auch noch nach meiner heutigen Sicht hatte er da ja eigentlich gar nichts verloren. Keine andere Frau hatte da einen Aufpasser. Schön, dass er mich abholen wollte; aber er sollte mir doch meinen Spaß lassen! Ich musste ihm ja auch seinen lassen. Aber vielleicht hatte er an diesem Abend keinen gehabt?!

Als K. mal wieder auf Lehrgang war, besuchten mich am Abend eine Kollegin und ihr Freund; wir saßen in meiner Küche und quatschten, als Frieda herein gerauscht kam und die Beiden bat, zu gehen. Ich hatte nicht ihr Einverständnis für diesen Besuch eingeholt, und auch nicht das meines Mannes. Und einfach so mal jemanden einladen, das ging dann doch entschieden zu weit!, meinte sie. Wir alle fanden dieses Gehabe ... schon sehr. Aber um mir nicht noch mehr Ärger zu machen, gingen die Beiden.

Seltsamerweise war Frieda damit einverstanden, als ich mich mit einer neuen Kollegin befreundete, verheiratet, aus Bad Kreuznach. Die durfte ich besuchen, dort durfte ich auch schon mal über Nacht bleiben. Und Frieda kümmerte sich dann gerne um meinen Sohn.

Diese Kollegin und ihr Mann waren auch einige Male bei uns in Steinhardt zu Gast - und mein Mann und ich bei ihnen.

Sie waren die Einzigen, die wussten, dass ich eine außereheliche Beziehung zu einem der Reitlehrer hatte, und dass ich am liebsten weg gelaufen wäre. Dachte ich jedenfalls.

An Heiligabend 1965 musste K. angeblich noch mal dringend weg, weil er etwas vergessen hatte. Er blieb verschwunden bis Anfang 1966. Niemand wusste, wo er hin war, auch Frieda nicht. Aber nach ihrer Ansicht war ich - wieder einmal - daran schuld.

An Silvester sass ich zusammen mit meinem Vater, und wir tranken uns zusammen einen kleinen Rausch an. Als ich dann zu Bett gegangen war, kam er noch mal zu mir und versicherte mir, dass er meinen Mann aus dem Haus werfen würde, wenn er wieder auftauchen würde.

Und er tauchte wieder auf. Und Frieda bestand auf einer Art Familienrat. Wie üblich wies sie mich darauf hin, was sie alles für mich getan hätte, und wie viel Geld das alles gekostet hätte. Worauf ich ihr zum ersten Mal entgegnete, dass sie aber nie Zeit und Liebe für mich gehabt hätte. Aber das konnte oder wollte sie offenbar nicht verstehen. Jedenfalls sollte ein letzter Versuch gemacht werden, unsere Ehe zu retten.

Nur - eigentlich wollten wir Beteiligten das ja wohl Beide nicht mehr.

Zumal dann, als ich wieder zur Arbeit ging, meine Arbeitskollegin und angebliche Freundin nicht mehr auftauchte, und ich von meinem Chef und den Kollegen erfuhr, dass mein Mann während der Zeit, als er verschwunden war, zusammen mit ihr und ihrem Mann in Bad Kreuznach gesehen worden war.

Trotzdem lief alles erst mal weiter wie vorher. Bis zum Frühjahr 1966. K. war mit einem Arbeitskollegen und meinem Bruder zu Fuß unterwegs. Irgendwann muss er angefangen haben, meinen Bruder wüst zu beschimpfen. Das konnte ja dann auch Frieda nicht mehr einfach so hinnehmen, und mir konnte sie das auch nicht in die Schuhe schieben.

Ihre Tochter zu betrügen, zu beschimpfen und zu verprügeln, das ging ja noch an. Aber ihren Augapfel, ihren Sohn, ihr Ein und Alles, den Sinn ihres Lebens, genauso zu behandeln, das war dann doch zu viel!
Dass K. auch noch versuchte, seinen Sohn zu schlagen, machte das Maß voll! Er musste ausziehen. Damit hatte er es sich nun endgültig mit Frieda verdorben.

Mein Chef empfahl mir einen Rechtsanwalt, und ich reichte die Scheidung ein.

Frieda setzte sich fairerweise mit ihren Ko-Großeltern in Verbindung und bot ihnen an, dass diese trotz der Scheidung weiterhin Kontakt zu ihrem Enkel haben könnten, aber meine Noch-Schwiegermutter lehnte dies ab. Das käme nur in Frage, wenn ich die Scheidungsklage zurückziehen würde. Aber daran dachte niemand mehr, noch nicht einmal mehr Frieda. Jetzt hieß es nur noch: "Lieber ein Ende mit Schrecken als ein Schrecken ohne Ende."

Ab Herbst 1966 trat ich des besseren Verdienstes wegen eine Stelle beim Straßenneubauamt in Bad Kreuznach an. Lange Jahre war ich die “Lieblings-Sekretärin” des Personalleiters, Herrn H., weil ich, wie er sagte, eine wunderschöne Steno-Schrift hatte. Seine Ehefrau war Lehrerin für Schreibmaschine und Stenografie, daher kannte er sich mit solchen Dingen aus. Ich sehe ihn heute noch deutlich vor mir. Bei seiner Frau machte ich später (zum Zwecke der Gehalts-Einstufung) eine Schreibmaschinen-Prüfung, auf die ich bis heute stolz bin: Auf einer dieser alten schwarzen Klapperkisten erreichte ich 410 Anschläge/Minute. Das schaffte sonst keine in meiner Dienststelle! Und ich auch nie mehr.

Aber - ich schweife schon wieder ab!

Es war an einem frühen Morgen 1966. Als ich in die Küche kam, stand meine Großmutter am Spülbecken, das sie, so wie sie es gewohnt war, auch als Waschbecken benutzte. In diesem Augenblick, als ich hereinkam, brach sie zusammen. Ich versuchte, sie zu stützen, zu halten, und rief um Hilfe. Meine Eltern kamen und brachten sie in ihr Schlafzimmer im Obergeschoss. Ich musste zur Arbeit.

Ein Arzt diagnostizierte einen Schlaganfall - und meine Großmutter, damals schon 83 Jahre alt, war bis zu ihrem Tod am 27.01.1970 bettlägerig. Und sie, die früher ein äußerst sparsames und diszipliniertes Leben geführt hatte, so gut wie keinen Alkohol trank und des Abends lediglich eine Scheibe Brot mit Butter und einen Apfel (oder anderes Obst) gegessen hatte, verfiel sozusagen dem Alkohol: Sie nahm mit Vorliebe Eierwein zu sich. Aber was sollte es! Ein abstinentes Leben hätte sie auch nicht mehr gesund gemacht, das sah wohl auch der Arzt ein.

✧✧✧✧✧✧✧

Berufswünsche

✧✧✧✧✧✧✧

Als ich nach der Geburt meines Bruders, also im Alter von ca. 3 1/2 Jahren, meine Mutter im damals noch existierenden Diakonissen-Krankenhaus in Sobernheim besuchen durfte, faszinierten mich besonders die Spitzenhäubchen der Schwestern, und ich verkündete:
“Wenn ich groß bin, will ich das auch werden, damit ich so eine schöne Haube tragen darf!”

Mein Bruder war da mit ca. 4 oder 5 Jahren schon weiter und verkündete ganz pragmatisch, nachdem er mit Frieda den örtlichen Schuster besucht hatte:
“Schuhmacher ist auch ein schöner Beruf; da sitzt man den ganzen Tag im Trocknen!”

Er wusste ja aus der Familie, dass das bei einem Landwirt nicht so ist.

✧✧✧✧✧✧✧

Ich (1966 - 1968)

✧✧✧✧✧✧✧

Im Herbst 1966 erfolgte die Scheidungsverhandlung beim Amtsgericht Sobernheim. Eigentlich ja erst mal eine "Versöhnungsverhandlung" - so ungefähr hieß das. Aber auch der Richter sah ein, dass eine Versöhnung unter den gegebenen Umständen nicht sinnvoll gewesen wäre. Also Scheidung; Unser Sohn wurde mir zugesprochen, mein nun Ex sollte Unterhalt zahlen.

Nur tat er das nur sporadisch. Erst mal meinte er, uns für dumm verkaufen zu können mit seiner Zahlungsweise:
Einmal zahlte er ordnungsgemäß am Monatsanfang, dann verschob er die Zahlung zur Monatsmitte, dann zum Monatsende - und dann ließ er einen Monat die Zahlung aus. Er hielt uns wohl für sehr dumm.

So lange Frieda ihm auch "zugearbeitet" hatte, nun war sie sein ärgster Gegner, und sie passte auf. Trotzdem zahlte er irgendwann nach seinem Ausscheiden aus der BW überhaupt nicht mehr, und Nachforschungen über das Meldeamt blieben erfolglos, und auch das Einschalten eines Rechtsanwaltes war vergebene Liebesmüh', doch da in diesen Fällen ja die betroffenen Kinder klagen, entstanden mir zumindest dadurch keine Kosten. Mein Sohn erzählte mir zwar viel später einmal, dass sein biologischer Vater doch noch seinen Verpflichtungen nachgekommen wäre - im nachhinein. Aber ich bin skeptisch, ob das wirklich so ist bzw. war. Da müsste er schon sehr reich geworden sein. Vielleicht hat er eine reiche Frau geheiratet? Wäre mir auch egal.

Klar hatte Frieda in der Zeit zwischen der Trennung und der Scheidung darauf geachtet, dass ich keine neuen Männerbekanntschaften machte, denn das hätte K. leicht Zündstoff für die Scheidungsverhandlung liefern können, aber nachdem die Scheidung überstanden war, war sie natürlich auch wieder bedacht, dass ich einen neuen Ehemann finden würde. Denn in ihrem Weltbild war eine Frau ohne Ehemann nichts wert. Und dass eine Frau alleine in ein Restaurant oder eine Kneipe geht, war für Frieda undenkbar. So etwas taten nur unanständige Weiber.

Heikos erster Friseurbesuch in Sobernheim war - sagen wir mal - spektakulär. Er schrie, als ob ihm jemand ans Leben wollte. Es war grauenvoll. Alle Leute im Salon schauten mich an, als ob ich ihm etwas getan hätte.

Nachdem ich all die Jahre über mal zu diesem, mal zu jenem Friseur gegangen war, fand ich nun, ganz in der Nähe meiner Dienststelle, einen, zu dem ich viele Jahre lang ging. Jeden Samstag, und meinen Sohn nahm ich mit dort hin.
Und in diesem Salon in Bad Kreuznach, da war er die Ruhe selbst. Während der Sohn mich "verarztete", kümmerte sich der Vater um meinen Sohn. Alles ganz entspannt.
Ich trug damals "Courrège"; man kennt diesen Schnitt von "Raumpatrouille Orion", da waren die Haare der Damen auch so geschnitten.

Abseits des Salons trafen sich die Stammgäste meist bei Fastnachtsbällen; und für die war auch z. B. an Rosenmontag geöffnet, damit die Ballfrisuren für den Abend nochmal aufgefrischt werden konnten.

Ein neues Hobby hatte ich mir zugelegt: Nähen. Es gab eine Nähmaschine im Haus, keine elektrische, nein!, eine mit Fußbetrieb; gut für ein Koordinationstraining. Ich versuchte mich erst mal an einfachen Kleidchen, und mit der Zeit steigerte sich dann der Schwierigkeitsgrad meiner Schneiderei bis hin zu vorbildlich gefertigten Blazern. Später nähte ich für meinen dritten Mann auch Hemden, da es schwierig war, für ihn passende zu kaufen.
Schon damals war ich ein Nachtmensch; so sass ich oft halbe Nächte in meiner Küche und nähte. Und wenn mein Vater Nachtschicht hatte und spät/früh nach Hause kam, dann setzte er sich nochmal zu mir auf ein Feierabend-Bier.

Ich machte - natürlich wieder mit Unterstützung meines Vater - meinen Führerschein. Mein Ex, der Fahrlehrer, hatte ja immer gemeint, dazu wäre ich zu blöd. Aber ich schaffte ihn (den Führerschein) auf Anhieb! Natürlich war der wöchentliche theoretische Unterricht in Sobernheim wieder nur durch das organisatorische Wirken meines Vaters machbar: Er vereinbarte mit einem befreundeten Arbeitskollegen, dass der mich nach Beendigung des Unterrichts nach Steinhardt fahren würde. Und nur ein einziges Mal kam er nicht.

Ich machte mich zu Fuß auf den Weg die 3 km nach Steinhardt, als ich bemerkte, dass immer wieder dasselbe Auto an mir vorüber fuhr. Am Ortsausgang war eine Tankstelle, die gerade noch geöffnet hatte. Ansonsten hätte ich auch keine Scheu gehabt, an irgendeinem Haus zu klingeln. Von dort aus rief ich ein Taxi und ließ mich nach Hause fahren.

Der Arbeitskollege meines Vaters hatte einfach nur verschlafen. Nach seiner

Tagschicht wollte er sich nur ein bisschen ausruhen ... Kann ja mal passieren. Und es ist ja zum Glück auch gut gegangen.

Am 26.04.1967 bekam ich meinen Führerschein - und ich habe ihn (fast) immer noch!
Fast? Die Behörde hatte einen Fehler gemacht: In meinem Original-Führerschein hatte man meinen Geburtsnamen nicht vermerkt. Und dadurch bekam ich bei einer Polizei-Kontrolle 1973 Schwierigkeiten, da ich wieder geheiratet hatte und nun einen anderen Namen trug. Ich musste mich bei der Zulassungsstelle melden. Ich hatte gedacht, da würde nur mein Mädchenname einfach dazu geschrieben. Aber ich bekam einen "Ersatz-Führerschein", wo doch in meinem Original-Führerschein so ein tolles Bild von mir war! Mit Courrège-Frisur.

Natürlich kaufte ich mir ein Auto, bzw. ich hatte es schon gekauft, und es stand schon in seiner Garage, der früheren Schmiede, in Steinhardt: ein Ford 12 M, weiß mit schwarzem Dach - KH-PT 15. Ich glaube, das Kennzeichen seines ersten Autos vergisst man nicht so leicht - dachte ich; Freunde, die ich danach fragte, bestätigten das jedoch nicht.

Nachdem ich meinen Führerschein in Händen hatte, und wir Erfolgreichen einen kleinen Umtrunk gehabt hatten, ließ ich mich von einem Taxi nach Hause fahren, setzte mich in mein Auto - und fuhr erst mal nach Sobernheim, um eine unglückliche, Tränen verströmende, nicht-erfolgreiche Fahrschülerin nach Hause zu fahren. Anschließend fuhr ich zur Dienststelle nach Idar-Oberstein. Dorthin war ich öfter mal als Vertretung der Sekretärin geschickt worden, dort kannte ich mich aus.

Am nächsten Morgen fuhr ich, klar, mit meinem Auto zur Arbeit nach Bad Kreuznach. Und klar auch, dass Alle wissen wollten, wie ich ankomme - abgewürgt habe ich mein Auto beim Hochfahren über den Bürgersteig in die Hofeinfahrt! Aber einer der angestellten Berufs-Fahrer meinte, dass ihm das auch schon passiert sei - in einer Großstadt, mitten auf einer verkehrsreichen Kreuzung. Wem ist so etwas noch nie passiert!?

Nun fuhr ich also Tag für Tag mit meinem Auto zur Arbeit. Am Abend auf dem Rückweg nahm ich meist einen älteren Kollegen mit in den nächsten Ort.

Ich erinnere mich an eine lustige Begebenheit: Mein Auto war, wie gesagt, weiß mit schwarzem Dach. Es regnete am Abend in Strömen. Ich sass schon in meinem Auto und wartete auf den Kollegen. Der kam dann endlich aus dem Haus ... lief zu einem blauen Auto und setzte sich hinein. Und ich sass in meinem und wartete darauf, dass ihm sein Fehler auffiel. ☺

Wenn ich nach Hause kam, wollte mein Sohn Heiko meist spazieren gefahren werden. Nur: Wir waren noch nicht richtig aus dem Dorf raus, da war er schon auf der Rückbank eingeschlafen. Ist doch ein gutes Schlafmittel für kleine Kinder, so ein Auto!

Aber nicht alles ist Gold, was glänzt! Heute weiß man, dass Scheidungen auch bei "Unschuldigen" Spuren hinterlassen, und dass ein Gefühl von Versagen eintreten kann. Jedenfalls trank ich einige Zeit lang recht viel Alkohol, und hatte auch diverse "One-Night-Stands", wie man sie heute nennt.

Und eigentlich hätte ich mir gar kein Auto kaufen dürfen. Denn:

Anfang 1967 organisierte ein Kollege eine Fastnachtsfête in einem Lokal in Bad Kreuznach. Ich hatte mir ein Zimmer in einem kleinen Hotel genommen, wo früher mein Bruder mal kurz in der Zwischensaison gearbeitet hatte. Bei dieser Feier machte ich die Bekanntschaft von K.-H., der im Kurhaus Bad Münster am Stein als Kellner arbeitete, und der aus Wien stammte.
Mit ihm hatte ich eine länger dauernde Beziehung, die - natürlich - auch Frieda befürwortete, denn "Wien" hört sich doch nach "Hamburg" auch gut an.

Sie sprach sich auch dafür aus, dass ich gerne doch ab und zu über Nacht bei meinem Freund bleiben könne; sie würde sich gerne um meinen Sohn kümmern. An unerwünschte Folgen dachte sie nicht.

Aber ich wurde schwanger, K.-H. ließ nichts mehr von sich hören, und Frieda zwang mich zum Auszug. Diesmal konnte mein Vater nicht mehr helfen. So eine Schande duldete sie nicht in ihrem Haus. Da hatte sie ihre Prinzipien, wie wir wissen.

Ich suchte mir also in Bad Kreuznach eine kleine Wohnung und fand in einem Hochhaus ein 1-Zimmer-Appartement. Mein Schlafzimmer verkaufte ich an eine Kollegin, mein Akkordeon an eine andere, auch Küchentisch und -stühle verkaufte ich, meinen Küchenschrank nahm ich mit. Zwar passte das Frieda nicht, denn diese Sachen hatte sie ja bezahlt, also konnte ich das nicht einfach verkaufen - dachte sie; doch diesmal ließ ich mich von ihr nicht einschüchtern.

Aus meinem “Jugendzimmer” hatte ich noch einen Kleiderschrank, die Schlafcouch und den Couchtisch; eine Kommode und eine kleine Truhe kaufte ich.

In diesem Haus nun wohnte auch die Frau, zu der mich mein Ex seinerzeit einmal mitgenommen hatte, mit ihrem Mann und ihrem Sohn, den sie nun hatten. Ich war öfter mal am Abend bei ihnen zum Fernsehen (ich hatte selbst keinen). Sie zogen dann leider aus, hatten sich in einem kleinen Ort nahe Bad Kreuznach ein Häuschen gekauft. Aber nochmal Jahre später, als ich in einem Krankenhaus bei einem Chirurgen arbeitete, kam sie mit ihrem Sohn zur Untersuchung dort hin. Das war das letzte Mal, dass ich sie sah.

Mein Auto ließ ich in Steinhardt; Herbert machte mit 55 Jahren seinen Führerschein und übernahm das Auto.

Auch meinen Sohn musste ich in Steinhardt bei meinen Eltern lassen. Erst wollte ich gerichtlich gegen dieses Ansinnen von Frieda vorgehen; aber ich glaube, zu damaliger Zeit hätte ich da bei Gericht keine Chance gehabt, zu gewinnen, und außerdem war er der Augapfel meines Vaters, der ihn oft “Felix” nannte, “Der Glückliche”.

Ein anderer Junge, der das für bare Münze nahm, sagte zu seinem Vater: “Das Kind da hat einen komischen Namen - Felix, das habe ich noch nie gehört. Aber ich mag gerne mit ihm spielen.”

Von meiner neuen Bleibe aus konnte ich gut zu Fuß meine Dienststelle erreichen. Meine Kollegen und Kolleginnen waren die Einzigen, die mir in meiner schwierigen Lage beistanden.

Sie schickten mich auch zum Jugendamt, damit alles seine Ordnung habe. Denn als unverheiratete Mutter hatte man nicht nur nicht das alleinige Sorgerecht, sondern das Jugendamt hatte in allem das letzte Wort.

Von Anfang an drängten mich die Damen des Amtes immer wieder, mein Kind zur Adoption freizugeben. Ich war damit nicht einverstanden; ich wollte mein Kind behalten.

Zumindest setzten sie sich mit dem Kindsvater in Verbindung, der auch nicht bestritt, der Vater des Kindes zu sein. Wenigstens etwas. Und sie überwachten dann später auch den Eingang der festgesetzten Alimente. Mehr konnte man ja vor der Geburt sowieso nicht tun.

Pünktlich war meine Tochter Kerstin!
Wie errechnet, kam sie am 23. November 1967 zur Welt. Fast war sie zu schnell.

Ich hatte schon in der Nacht Wehen, wollte aber meine Nachbarn nicht aus dem Schlaf klingeln, um ein Taxi zu rufen, machte das erst so gegen 6 Uhr am Morgen.

Im Krankenhaus auf der Wochenstation verwechselte man mich erst mit einer anderen Patientin, bis die Hebamme alles aufklärte. Sie war der Meinung, dass das noch dauern würde, brachte mir erst mal Frühstück. Dann lag ich alleine im Kreißsaal, die Fruchtblase platzte - und niemand war da. Also musste ich noch mal aufstehen und eine Klingel suchen. Als meine Hebamme und eine Schwester kamen, kam auch schon meine Tochter.

Aber alles war okay mit ihr und auch mit mir. Die Hebamme unterrichtete meine Kolleginnen bzw. ich konnte auch kurz mit ihnen sprechen. Sie besuchten mich auch einmal zu Hause und brachten mir ein Geschenk.

Nach der Geburt blieb nicht mehr viel Zeit für eine Entscheidung hinsichtlich des Verbleibs meiner Tochter, denn damals hatte man nur 8 Wochen Mutterschaftsurlaub, danach musste ich wieder zur Arbeit.

Stellt Euch vor: Einmal besuchte mich Frieda. Sie hatte keinen Blick für ihre Enkelin. Jeder fremde Besucher hätte da herzlicher reagiert. Sie sagte mir: "Du kannst uns jederzeit in Steinhardt besuchen - aber immer nur ohne Dein Kind." Das Wort "Bastard" vermied sie dann doch. Ich kann mich bis heute des Eindrucks nicht erwehren, dass sie, wenn ich einen Sohn geboren hätte, anders reagiert hätte.

Im Haus wohnte auch eine junge Frau mit Mann und Tochter, mit denen ich mich ein bisschen angefreundet hatte. Sie bot mir an, tagsüber meine Tochter zu betreuen. Allerdings das Jugendamt ließ es nicht zu mit der Begründung: "Diese Frau kann ja nicht zwei Kinder gleichzeitig spazieren fahren." Was für ein Blödsinn! Als wenn im Kinderheim die Kinder spazieren gefahren würden!

Ich gab auf Anraten der Jugendamt-Damen eine Anzeige auf, in der ich eine Pflegefamilie bzw. Pflegemutter/-oma suchte. Aber abgesehen davon, dass nur sehr wenige auf die Anzeige reagierten: Die, die mir zusagten, lehnten die Damen ab. Ausnahmslos.

Eigentlich hätte ich auch meine Arbeitsstelle kündigen und mit meiner

Tochter von Sozialhilfe leben können. Aber ich war ja damals in diesen Dingen naiv und unerfahren und wusste das nicht; weder meine Kollegen, die sicher daran nicht dachten, noch das Jugendamt, die das sehr wohl wussten, wiesen mich auf diese Möglichkeit hin. Denn das hätte auch deren Pläne durchkreuzt.

Also blieb mir nichts anderes übrig, als meine Tochter tränenüberströmt nach 8 Wochen zum Kinderheim zu bringen. "Ausnahmsweise", so die Jugendamt-Damen, würde mir erlaubt, meine Tochter jeden zweiten Sonntag im Kinderheim zu besuchen. Dort sass ich dann in einem Kämmerchen, hielt meine Tochter auf dem Arm - und sie wurde mir fremder und fremder.

Ich denke heute, dass das alles genau kalkuliert war von den Damen des Jugendamtes, vielleicht gab es ja auch eine kleine Zuwendung, wer weiß? Es kam also, wie es wohl nicht zu vermeiden war: Ich willigte schließlich in die Adoption meiner Tochter ein. Und Frieda war's zufrieden; das hatte sie ja auch von Anfang an gewünscht. Drecksluder, scheinheiliges!

All dies war natürlich meinem Sohn unbekannt. Klar, war er doch zum Zeitpunkt der Geburt meiner Tochter erst 3 1/2 Jahre alt. Und hinterher war es ja, so glaubten wir alle, nicht mehr von Bedeutung für ihn. Aber man kann sich täuschen.

Deshalb will ich hier von der zeitlichen Abfolge meiner Erzählung abweichen und auch noch das, zumindest vorläufige, Ende der Geschichte erzählen.

Mein Sohn lernte Mitte der 90er Jahre eine Frau kennen, eine Ossi, die aus erster Ehe einen Sohn hatte. Sie hieß - Kerstin. Als mein Sohn diese Frau Frieda vorstellte, erschrak Frieda zutiefst, denn sie hatte die Befürchtung, dass Kerstin die Halbschwester meines Sohnes sein könnte. Also erzählte Frieda den Beiden die ganze Geschichte. Nicht ohne sich natürlich gehörig darüber zu empören, wie denn eine Mutter (ICH) ihr Kind weggeben kann. Wenn die Freundin und spätere Frau meines Sohnes einen anderen Vornamen gehabt hätte, würde Frieda natürlich nichts erzählt haben, denn für so einen Vorfall musste man sich ja eigentlich schämen.

Ich hatte seit - es muss Frühjahr/Sommer 1985 gewesen sein, den Kontakt zu Frieda abgebrochen; darüber werde ich noch berichten; aber das ist eine andere Geschichte. Später war dann mein Sohn Heiko zu seiner Großmutter nach Steinhardt gezogen; auch das ist eine andere Geschichte.

Ich bekam im August 2012 ein Schreiben des Jugendamtes Bad Kreuznach mit der Nachricht, dass meine Tochter Kerstin Kontakt zu mir aufnehmen möchte, um mehr über ihre Herkunft und Familie zu erfahren. Ich möge mich doch bitte auf jeden Fall melden; Montags sei die Dame am besten telefonisch zu erreichen.

Ich rief also dort an, und mir wurde schon gleich mitgeteilt, dass diese Dame sich in dieser Sache schon telefonisch mit meinem Sohn in Verbindung gesetzt hatte, und von ihm hätte sie meine Anschrift bekommen. Meine Empörung darüber konnte diese Dame gar nicht verstehen, obwohl ihr doch klar gewesen sein müsste, wenn sie denn nachgerechnet hätte (falls sie das kann), dass man einem 3 - 4jährigen Kind solche Dinge nicht erzählt hatte. Ihre Reaktion auf meine Vorhaltungen war nur: “Aber er wusste es doch!”

Ich frage mich in solchen Fällen, wozu es denn in Deutschland eine Meldebehörde und auch ein Meldegesetz gibt, wenn sich keiner dessen bedient, noch nicht einmal Behörden.

Jedenfalls schrieb ich einen Brief an Kerstin (über das Jugendamt), den sie auch beantwortete. Sie schrieb mir, dass es ihr gut gehe, dass sie vollstes Verständnis für meine damalige Entscheidung hätte bzw. dass sie mir dankbar sei für diese Entscheidung. Sie hatte noch einige Fragen bezüglich Erbkrankheiten usw. Und das wäre der eigentliche Grund dafür gewesen, dass sie sich mit mir in Verbindung setzte: In Zukunft Arztfragen nach evtl. familiären Vorerkrankungen besser beantworten zu können.

Außerdem wollte sie eine Einsicht in die gesamten damaligen Jugendamtsakten beantragen, und dazu benötigte sie meine Zustimmung.

Aber aufgrund der damaligen und auch heutigen Handlungsweise des Jugendamtes in Bad Kreuznach war ich da sehr skeptisch und suchte Rat. Da ich einen guten Bekannten habe, der beim Sozialamt in Frankfurt tätig ist, rief ich diesen an und bat um Hilfe. Er vermittelte mich an eine Dame des Jugendamtes, die für Adoptionen zuständig ist, und diese Dame riet mir von einer Zustimmung zur Öffnung der damaligen Jugendamtsakten ab. Denn auch diese Akten wären - klar - nur nach Wissen und Gewissen bzw. subjektiver Sicht der damaligen Angestellten geführt. Sie empfahl mir, meiner Tochter ein persönliches Treffen anzubieten, bei dem sich alle offenen Fragen klären lassen könnten.
Ich schrieb nochmal an meine Tochter, bekam jedoch keine Antwort mehr. Aber ich weiß ja nun zumindest, dass es ihr gut geht. Sie ist verheiratet, hat zwei Töchter. Und sie kennt meine Adresse.

Fast zeitgleich zu dem Schreiben meiner Tochter bekam ich von dieser Dame vom Jugendamt ein entsprechendes Formular zugeschickt, das ich aber nicht unterschrieb. Es liegt immer noch hier bei meinen Unterlagen.

Ob die Akten nicht doch für meine Tochter geöffnet wurden, weiß ich natürlich nicht; zutrauen würde ich es dem Jugendamt Bad Kreuznach.

Ich hatte anfangs darüber nachgedacht, wegen dieser Handlungsweise der Bad Kreuznacher Jugendamt-Damen einen Rechtsanwalt einzuschalten. Nur hätte ich den erstmal bezahlen müssen, bevor er sich diesen Sachverhalt überhaupt angehört hätte. Und ob dann die Möglichkeit bestanden hätte, da etwas zu tun, war fraglich. Also ließ ich es. Das Wichtigste ist schließlich, dass es meiner Tochter gut geht.

✧✧✧✧✧✧✧

Mein Sohn und der Erdbeerkuchen

✧✧✧✧✧✧✧

Es war während der “pubertären Fressphase” meines Sohnes, dass wir an einem Sonntag die Kölner Verwandten von H. besuchten; seine Eltern waren auch mit hin gefahren.

Es gab Erdbeerkuchen.

Wir alle waren schon vollauf gesättigt, aber es war noch ein halber oder dreiviertel Erdbeerkuchen übrig.

Mein Sohn schaute in die Runde: “Möchte noch jemand vom Kuchen?” -
“Nein.”
“Gut”, sagte er, “dann esse ich ihn.”

Und er zog die Tortenplatte mit dem restlichen Erdbeerkuchen zu sich und aß ihn gleich von der Platte, ohne sich die Mühe zu machen, Stück für Stück auf seinen Kuchenteller zu geben.

Ich glaube, ich wurde puterrot. Jedenfalls schämte ich mich sehr für meinen Sohn, der so jegliche Erziehung vermissen ließ.

✧✧✧✧✧✧✧

Ich (1968 - 1970)

✧✧✧✧✧✧✧

Durch all diese Geschehnisse in Zusammenhang damit, dass ich meine Tochter in ein Kinderheim geben musste, fiel ich natürlich wieder in ein tiefes schwarzes Loch, das ich oft mit Alkohol auffüllte. Aber ich versuchte auch, meine Abende sinnvoller zu verbringen als in der benachbarten Kneipe.

So trat ich der Schauspielgruppe der VHS bei. Das gefiel mir! Weniger die Auftritte, bei denen ich fast starb vor Lampenfieber, als die Gesellschaft von netten Menschen. So lernte ich auch die Tochter meiner damaligen Hebamme kennen, mit der zusammen ich zu einer Jazztanzgruppe ging. Ein ganz klein wenig Ersatz für den nicht erlaubten Ballettunterricht in Kindertagen.

Und ich lernte eine andere Gudrun kennen, damals noch Lehrling - Entschuldigung - Auszubildende in einer Drogerie und Parfümerie, mit der ich dann gut befreundet war, und die mich durch einige Höhen und Tiefen begleitete. Ich war oft bei ihr und ihrer verwitweten Mutter zu Hause zu Gast. Sie wohnten in einem Ort nicht weit von Bad Kreuznach. Sie, ihr damaliger Freund und ich fuhren regelmäßig mit den örtlichen Opern-Fans im Bus nach Wiesbaden zu Opernaufführungen.

Sie rief ich auch an, als ...

Ich hatte mich ernsthaft in einen Kollegen verliebt, und er sich in mich -

dachte ich. Wir verlebten ein paar wunderschöne Monate. Ich war einfach nur glücklich! Aber dann an Rosenmontag? Fastnachtsdienstag? eröffnete er mir, dass er sich in eine andere Frau wieder verliebt hätte, frühere Schulkameradin, blablabla. Und sicher nicht mit so viel "Altlasten" beladen. Ich war natürlich am Boden zerstört, ich konnte nur noch heulen. Ich rief Gudrun von der Telefonzelle in der Nähe aus an (ich hatte damals keinen Telefonanschluss). Und Gudrun war da für mich.

Sie kam zu mir, tröstete mich, kühlte mein vom vielen Weinen verquollenes Gesicht - und schminkte mich aufs kunstvollste, so wie sie es in ihrer Parfümerie gelernt hatte. - Und dann verbot sie mir, ihr Kunstwerk mit weiteren Tränen zu zerstören! Und ihr Verbot half!

Durch diese VHS-Theatergruppe lernte ich auch eine Kreuznacher Marktfrau kennen, ein absolutes Unikum! Sie spielte später in Edgar Reitz' Film-Epos "Heimat" eine Hauptrolle und hatte auch mitfahren dürfen nach Venedig zur Biennale.

Mit deren Sohn verband mich eine gute platonische Freundschaft. Er hatte sich nicht lange vorher von einer Freundin getrennt (oder sie sich von ihm, das weiß ich nicht mehr), ich war auch alleine, und so trafen wir uns hin und wieder, auch bei mir in meiner kleinen Wohnung, spielten Karten, quatschten, tranken etwas, oder wir fuhren auch schon mal zusammen zu irgendwelchen Fastnachtsveranstaltungen, wo dann im großen und ganzen jeder seinen eigenen Weg ging.

Aber eines Tages klingelte es - und seine Mutter stand vor meiner Tür! Sie warf mir vor, mich an ihren (in ihren Augen wohl kostbaren ☺) Sohn heran zu machen, ihm andere Chancen zu verbauen! ICH, eine geschiedene Frau, eine mit einem ehelichen und einem unehelichen Kind! Also so etwas Verdorbenes war ihr noch niiiieeee untergekommen! Um des lieben Friedens zwischen Mutter und Sohn willen beendeten wir unsere platonische Beziehung. Und ich die Beziehung zum Schauspiel.

"Nix wie enunner!" heißt es jedes Jahr so um den 15. August, Napoleons Geburtstag. Dann findet in Bad Kreuznach der jährliche Jahrmarkt statt (Dauer 5 Tage, über 500.000 Besucher, Gelände "Pfingstwiese", 63.000 qm), und das seit 1810. Der Name des Geländes rührt von einer schon im Mittelalter stattfindenden Mai-Messe her.

Früher gab es für den Besuch dieses Jahrmarktes bei allen Behörden der Stadt zumindest einen halben Tag Sonder-Urlaub, und Montag war der Tag, an dem die meisten Arbeitnehmer und Behördenchefs (schon seit dem offiziellen Frühschoppen) dort anzutreffen waren. Ob es mittlerweile immer noch Jahrmarkt-frei gibt, bezweifle ich. Aber genauso bezweifle ich auch, dass dadurch mehr gearbeitet wird.

Also: Beim Jahrmarkt 1969 lernte ich H. kennen. Er wurde mein zweiter Ehemann. Der Reihe nach:

H. traf ich im sogenannten Tanzzelt. Damals gab es das noch, später wurde es abgeschafft, weil es dort immer die meisten Schlägereien gegeben hatte. Er war mit einigen Freunden dort, einer davon hatte mich zum Tanzen aufgefordert, aber H. gefiel mir besser. Wie so oft kam es irgendwo im Zelt zu einer "Meinungsverschiedenheit"; wir alle verdrückten uns. Irgendwie wurden wir beiden von seinen Freunden getrennt oder ließen uns von den anderen trennen. Ich weiß nur noch, dass wir Autoscooter fuhren, dass er durch eine der ach so beliebten Auto-Rempeleien mit der Brust aufs Lenkrad geschleudert wurde und erst mal keine Luft bekam. Wir gingen irgendwo hin, wo es etwas ruhiger war, damit er sich erholen konnte.

Da es dann in der Nacht keine Möglichkeit mehr gab, dass er heim gekommen wäre in seinen Ort ca. 10 km von Bad Kreuznach entfernt, nahm ich ihn mit zu mir; am nächsten Tag fuhr er dann mit dem Bus nach Hause. Auto hatte er nicht, noch nicht mal einen Führerschein.

H. war genau wie ich schon einmal verheiratet gewesen und geschieden, nur war seine Ehe kinderlos geblieben. Seine Ex war wieder verheiratet und hatte ein Kind. Ich erzählte ihm, dass ich gerne noch ein Kind hätte - Ersatz für Kerstin?

Wir sahen uns regelmäßig. Erst mal nur bei mir. Aber bald lernte ich auch seine Eltern und seine Schwester kennen. Was für eine Familie! Ganz das Gegenteil zu meiner! Vielleicht war es das, was mir am besten an H. gefiel?!

Seine Mutter stammte aus Köln, war etwas simpel und immer noch geprägt von den Kriegsjahren, als jeder sparsam wirtschaften musste. "Hauptsache billig" war ihr Lebensmotto. Sie konnte überhaupt nicht einsehen, dass oft gerade das Billige das Teurere ist; ihr Mann schimpfte sie oft deswegen. Und sie wunderte sich des öfteren, wenn sie z. B. von mir ein Rezept für einen Kuchen bekam, der ihr bei mir sooo gut geschmeckt hatte, dass er ihr dann nicht so gut gelang. Nur: Wenn da z. B. 8 Eier rein sollten, dann meinte sie, dass es vier auch tun würden. Das kann ja nichts werden!

Der Vater hatte eine Vorkriegs-Schussverletzung am Hals, die ihm den Wehrdienst erspart hatte, die ihm aber das Atmen enorm erschwerte. Wenn ihr ihn nie schnarchen hörtet, dann wisst ihr nicht, was Schnarchen ist! Er war für den Bund der Hirnverletzten tätig, und dafür auch öfter unterwegs. Er stammte aus L., war ein uneheliches Kind, dessen Herkunft niemals preisgegeben wurde. Seine Mutter war "in Stellung" gewesen, das Kind wurde von ihr und ihren Geschwistern aufgezogen. Nie war die Rede von "Bastard", nie von "Mutter rauswerfen" oder "Schande". Also eine ganz andere Familie als die meine.

Bald spielte sich ein regelmäßiges Wochenend-Leben ein: Eines verbrachte H. bei mir in Bad Kreuznach, das nächste war ich dann bei seinen Eltern in L.; nach und nach lernte ich die ganze Verwandtschaft kennen.

Allen voran "Tante Hella" und "Onkel Hans", die in Bad Kreuznach wohnten. Er stammte aus einer Gastwirts-Familie in Frankfurt-Sachsenhausen. Sie war ursprünglich aus Berlin aus einer kinderreichen Familie und war von der Familie in L. als Pflegekind aufgezogen worden, war wie eine Schwester von H.s Vater; sie waren auch die Paten von H.

Onkel Hans war im Krieg durch eine Granate verletzt worden. Jung verheiratet verlor er beide Unterarme und beide Augen. Seine Frau war in die Tschechoslowakei ins Lazarett gefahren, hatte ihn dort gepflegt und hat ihn liebevoll versorgt bis an sein Lebensende.
Mich nannte er immer "Adelheid", denn, so sagte er, seine erste Freundin hätte Adelheid geheißen, und sie hätte die gleiche Stimme gehabt wie ich. Früher soll er, so H., trotz seiner schlimmen Verletzung, dank seiner Frau, ein lebenslustiger Mensch gewesen sein, der auch mal alleine in eine Kneipe

ging zum Karten spielen. Mittlerweile plagten ihn diverse Zipperlein, wie sie bei uns allen im Laufe der Jahre nicht ausbleiben.

Tante Hella hatte ihr ganzes Leben auf ihn abgestellt und gab ihm nie das Gefühl, kein "ganzer Mann" zu sein. Wichtige Entscheidungen wurden nur gemeinsam getroffen. Ich erinnere mich, dass der Weihnachtsbaum immer nur mit roten Kugeln, mit einer kleinen Schleife oben, geschmückt war. Denn so kannte er es von früher von zu Hause. So konnte er sich den Weihnachtsbaum vorstellen; dabei gemogelt oder ihn belogen hätte sie nie! Auf Kinder hatte sie seinetwegen verzichtet. Sie war wohl zumindest einmal schwanger gewesen, hatte jedoch die Schwangerschaft abgebrochen. Aber solche Dinge erzählte man damals höchstens "hinter vorgehaltener Hand", denn sie waren illegal.

H. war im Schützenverein Bingen - und ein Waffennarr. Vor Weihnachten 1969 gab es die Sonderausgabe eines historischen Winchester-Gewehrs zum Gedenken an das erfolgreiche Zusammentreffen der Eisenbahnstrecken durch den US-amerikanischen Kontinent. Sie hatte vergoldete Beschläge und zeigte den letzten Nagel, mit dem die Geleise, die einmal von Ost nach West und zum anderen von West nach Ost verlegt worden waren, zusammengefügt wurden, den Golden Nail. Von diesem Gewehr wurde nur eine ganz gering limitierte Auflage hergestellt - ich schenkte ihm eines davon zu Weihnachten. Fast 800 DM kostete es.

Und wir fuhren an einem Weihnachtstag nach Steinhardt; ich wollte den "Neuen" präsentieren. Es war ein Desaster ohnegleichen. Wenn mein Bruder nicht auch da gewesen wäre, der sich als Einziger bemühte, etwas Normalität zu demonstrieren, wäre es noch absurder gewesen. Frieda schien

H. vollkommen abzulehnen, sprach mit ihm kein Wort. Obwohl sie ja auch zu mir nie sehr herzlich gewesen ist. Eiskeller trifft die Atmosphäre am ehesten. Mein Vater war nicht zu Hause, er war zur Reha wegen seines Herzens. Wir waren froh, als wir uns wieder verabschieden konnten. Ich weiß gar nicht, wie wir überhaupt nach Steinhardt gekommen waren, denn ein Auto besaßen wir damals (noch) nicht.

H. arbeitete schon seit längerer Zeit in einer Bad Kreuznacher Getränkemaschinen-Fabrik im Auslandsversand. Eigentlich hätte er gerne einen Handwerksberuf erlernt wie sein Vater, der Elektriker gewesen war, aber der meinte (wie so viele), sein Sohn "solle es einmal besser haben" und eben einen Bürojob machen.

Bei aller Weltoffenheit hatte der Vater strenge Regeln: In seinem Haus durften wir unverheiratet nicht in einem Zimmer schlafen. Das führte schon mal zu absurden Vorfällen, z. B. als die Verwandten aus Köln zu Besuch waren, wir den ganzen Abend zusammengesessen hatten; H. hätte lt. seinem Vater in einem Schlafsack auf dem Fußboden des Flures schlafen sollen. Auch die Verwandten redeten ihm zu; aber er hatte seine Prinzipien! Was wir woanders, sprich in meiner Wohnung in Bad Kreuznach, taten, das war ihm zwar klar und auch egal; aber in seinem Haus - NEIN!!! Da war nicht dran zu rütteln. Also bestellten wir ein Taxi und fuhren wütend nach Bad Kreuznach.

Seinen Wehrdienst hatte H. bei den Fallschirmjägern in Lebach im Saarland abgeleistet. Dass er als Wehrpflichtiger dazu ausgebildet wurde, war eine Ausnahme. Die Bundeswehr hätte ihn gerne behalten, aber er war sehr an seinen Heimatort bzw. seine Familie gebunden und lehnte ab. Trotzdem war wohl die Zeit bei der Bundeswehr für ihn ein Höhepunkt seines Lebens, denn er erzählte immer wieder davon.

Wir verbrachten unsere Freizeit oft und viel in freier Natur, wanderten durch die H. gut bekannten heimischen Wälder, und zelteten - was damals noch möglich war - auf Gemeindegrundstücken an der Nahe.

Als wir das zum ersten Mal machten, es war im Spätsommer/Herbst 1969, war schlichtweg ein Sch...wetter. Wir hatten unser Zeltchen aufgestellt, das Feuer brannte, ein Topf mit unserem Abendessen hing schon über dem Feuer, und Musik in Form eines tragbaren Radios hatten wir auch. H. musste nochmal nach Hause; er wollte sich bei einem Freund, bzw. beim Freund seiner Schwester einen zweiten Schlafsack ausleihen. Aber mir konnte ja nichts passieren: Er hatte mir einen Revolver dagelassen. Ich begleitete H. ein kurzes Stück, ging wieder zurück zu unserem Lagerplatz - da hörte ich Stimmen! Ich griff die Waffe gleich fester. Ich hatte schlichtweg Angst. Tapfer ging ich weiter - die Stimmen schwiegen - und wieder ertönte Musik! Ich hatte schlichtweg den Radiosprecher gehört. Wir haben oft darüber gelacht.

Im Sommer waren solche Exkursionen natürlich viel schöner! Da wir das recht oft machten, wollte dann auch seine Schwester mit ihrem Freund und späteren Ehemann mal mit. Aber sie war kein Typ für so etwas. Ihr fehlten die Annehmlichkeiten des elterlichen Hauses, und sie blieb deshalb meist auch nur tagsüber bei uns und abends ging sie zum Schlafen nach Hause. Camping light.

Obwohl sie andererseits gerne alles, was ich machte, für sich adaptierte.

Ich hatte mir schon für meine kleine Wohnung zwei Wellensittiche gekauft; sicher hießen sie Romeo und Julia, oder so. Denn Shakespeare war für uns Hobby-Schauspieler der Größte.

Im Frühjahr/Frühsommer war ich umgezogen in eine 2-Zimmer-Wohnung. Besitzer der Wohnung bzw. des Hauses war ein ehemaliger Lehrer, der aber nicht in Bad Kreuznach wohnte. Ein Kontroll-Freak! Er behielt von jeder? - jedenfalls von meiner Wohnung - einen Schlüssel - und kontrollierte. Ich blieb nicht sehr lange in dieser Wohnung. Kontrolliert war ich ja von Frieda worden, das reichte für's Leben.

Eigentlich hatten H. und ich kurz nach meinem Umzug in Urlaub fahren wollen. Wir hatten uns eine große Fahrrad-Rundfahrt vorgenommen. Erst sollte es den Rhein abwärts gehen bis zur Ahr, dann die Ahr entlang nach Westen, und weiter nach Frankreich, dann nach Süden und wieder zurück nach Bad Kreuznach. Wir waren auch losgefahren. Aber das Wetter hatte uns im Stich gelassen. Es hatte so viel geregnet, dass die Orte entlang des Rheins teilweise unter Wasser standen, und wir mussten immer wieder unsere Fahrräder durch Hochwasser schieben, waren dann natürlich auch völlig durchnässt. Es machte einfach keinen Spaß! Also änderten wir unsere Route und fuhren weiter stromabwärts. Irgendwo war noch ein großer Lkw an uns vorbei gebraust und hatte uns den Rest gegeben: Es regnete nicht nur, es schüttete, und der Lkw hatte uns mit einer Ladung Spritzwasser übergossen. Hätte ja auch ein bisschen ausweichen können, der Armleuchter!

Jedenfalls stellten wir unser Zelt auf einer Wiese bei Remagen auf. H. hatte einen selbst umgebauten Revolver dabei, "für alle Fälle", wie er meinte. Am

Abend gingen wir in eine Kneipe/Disco im Ort. Den nächsten Tag, Sonntag, noch ein Regentag, verbrachten wir in einer Kneipe, deren Besitzer sehr freundlich zu uns waren. Am Montag fuhren wir dann mit dem Zug bis nach Aachen. Wir wollten die verlorene Zeit wieder aufholen.

Das Wetter war herrlich! Wir wollten uns die Stadt anschauen, besonders natürlich den Dom und dessen Umgebung. Aber anstatt unsere Fahrräder mit Zelt, Schlafsäcken usw. am Bahnhof in die Gepäckaufbewahrung zu geben, was das Sicherste gewesen wäre, wollte H. sie irgendwo in einem Wald deponieren. Was für ein Schwachsinn! Wir legten also unsere Fahrräder usw. etwas außerhalb in einem sehr lichten Waldstück ab und gingen in die Stadt zurück.

Als wir von unserem Stadtbummel zurück kamen, empfing uns die Polizei. Spaziergängern waren die herrenlosen Fahrräder aufgefallen, sie hatten die Polizei gerufen, die hatten natürlich auch den selbstgebauten Revolver gefunden. Wir wurden mit auf die Wache genommen und verhört.

Natürlich fragten sie, wer denn diese Waffe gebaut hätte. Wahrheitsgemäß antwortete H., dass er das gewesen sei. Daraufhin kam die Frage, was er denn von Beruf sei. Antwort: Kaufmännischer Angestellter. Den Gesichtsausdruck der Polizisten werde ich nie vergessen!

Sie ließen uns laufen, zum Glück, unter Androhung einer Strafe; sie würden die Polizei in seinem Wohnort über den Vorfall unterrichten, und dort würde er nochmal aussagen müssen.
Das Ganze verlief dann zum Glück im Sande, da in seinem Heimatort ihn doch jeder kannte.

Durch diesen Vorfall hatten wir natürlich die Lust an einer Weiterfahrt verloren, setzten uns am nächsten Tag in den Zug, fuhren nach Köln, wo wir den Dom besichtigten und seine Verwandten mütterlicherseits besuchten. Von Köln aus fuhren wir mit der Eisenbahn nach Bad Kreuznach zurück.

So kam es zu der absonderlichen Situation, dass mein Hausherr, der besagte Lehrer, der ja annahm, dass wir uns auf Urlaubsreise befänden, eines Nachmittags in meine Wohnung kam. Es war mir bei meiner Rückkehr schon aufgefallen, dass ich den Rollladen im Wohnzimmer hochgezogen gelassen hatte, und dass er dann herunter gelassen war. Aber ich dachte ja da noch an einen Irrtum meinerseits. Jedoch mitnichten! Der Herr Lehrer hatte ihn herunter gelassen, da er meinte, das würde meinen Sansevierien besser bekommen.

Jetzt wieder zu den Wellensittichen. Ich nehme an, dass ich meine Wellensittiche für die Zeit unserer Abwesenheit H., der Schwester meines Freundes, anvertraut hatte; und sie hatte den Tick, alles zu kopieren.

Da ich gelesen hatte, dass Wellensittich-Weibchen sich ihren Partner selbst aussuchen möchten, hatte ich mir ein zweites Pärchen angeschafft, hatte also nun vier Wellensittiche. Es klappte auch dann irgendwann mit dem Nachwuchs.
Ich hatte vier, H. schaffte sich acht an! Ich fotografierte (hatte es ja schon als Kind von meinem Vater gelernt - und tue es immer noch) - H. fing auch damit an. Sie kopierte alles, konnte sich nichts Eigenes zulegen.

Wir besuchten Paris! Mit dem Nachtzug von Bad Kreuznach aus hin, morgens zum Frühstück waren wir dort. Mit Sack und Pack - sprich Zelt usw. kämpften wir uns durch bis zum Campingplatz am Bois de Boulogne, direkt an der Seine. Diesen Ausflug machten wir einige Male und entdeckten Paris per Metro und zu Fuß. Bei einem Chinesen im Universitätsviertel lernte ich mit Stäbchen essen.

Auf dem Campingplatz kamen wir am Abend in der Kneipe mit einem finnischen Ehepaar (ER Zahnarzt, SIE Krankenschwester) aus Rautalampi ins Gespräch. Besonders er hatte schon kräftig dem ungewohnten Rouge zugesprochen. Und dann fragte er zu vorgerückter Stunde meinen Mann: "Was hältst Du denn von Adolf Hitler?" H. äußerte sich sehr vorsichtig, denn er wollte ja keinen Krach provozieren. Aber der Herr Zahnarzt hub an zu einer Lobestirade auf das Lebenswerk des besagten Herrn. Wir waren einfach nur - Baff! Das hätten wir nun wirklich nicht erwartet.

Als wir später einmal mit meinem Bruder am Abend in Bad Kreuznach beim Chinesen waren und auch mit Stäbchen aßen, war das ein solches Ereignis für die anderen Gäste, dass sie selbst fast das Essen vergaßen, und uns nur groß anstarrten. Wir warteten schon darauf, dass am nächsten Tag in der Zeitung stehen würde: "Deutsche Restaurantbesucher aßen mit Stäbchen!" Oder so ähnlich.
Heutzutage, wo das fast jeder kann und tut, mache ich das nicht mehr! Außer ich bin in Asien.

Bei einem Ausflug nach Rüdesheim am Rhein lernten wir in der Drosselgasse in einem Lokal eine englische Familie kennen, die nach einem Stift fragte, um eine Ansichtskarte zu schreiben. Mit dieser Familie hatten wir viele Jahre Kontakt. Wir besuchten sie einige Male in England, und sie uns auch einmal in Bad Kreuznach. Leider riss der Kontakt irgendwann ab.

1970 heiratete H. ihren langjährigen Freund; es wurde eine größere Familienfeier abgehalten. Die beiden richteten sich in ihrem Elternhaus in zwei Zimmern + Küche ein. Wir verbrachten dort recht oft gemeinsam lustige Abende.

Ich wechselte meine Arbeitsstelle im Herbst 1970. Bei der Behörde, bei der ich so lange beschäftigt gewesen war, hatte ich gekündigt, denn der neue Chef war ein Ekel; er machte für mich den Eindruck eines Gestapo-Beamten mit seinem Ledermantel und seinem Lederhut - und er benahm sich auch so.

Ich arbeitete dann bei einem Sanatorium in Bad Münster am Stein, das ja gleich bei Bad Kreuznach liegt, durch das Salinental mit den Gradierwerken der Stadt und den vielen Sanatorien verbunden.

✧✧✧✧✧✧✧

"Arachnophobie oder Die Riesen-Spinne"

✧✧✧✧✧✧✧

Ich leide an Arachnophobie, habe also Angst vor Spinnen, kann sie aber auch nicht erschlagen - weil ich ja Angst vor ihnen habe.

Ich weiß nicht, ob es stimmt, aber jemand hat mal behauptet, dass frau entweder Angst vor Spinnen hätte - oder Angst vor Mäusen. Vor Mäusen habe ich im Gegensatz zu Frieda keine Angst.

Jedenfalls träumte mir, es würde eine Riesen-Spinne von mindestens 50 cm Durchmesser neben mir auf meinem Kopfkissen sitzen.

Mit einem Schrei: "Schlag's tot! Schlag's tot" weckte ich meinen zweiten Mann aus tiefstem Schlummer. Ob er das Licht anmachte oder ich - keine Ahnung.

Jedenfalls war da nichts. Er sah nichts, was er als mein Lebensretter hätte erschlagen können. Ich sah nichts. Obwohl ich das Kopfkissen und die Bettdecke drehte und wendete - und suchte und suchte.

Da war keine Spinne! Noch nicht mal eine klitzekleine!

Irgendwann war ich dann auch restlos davon überzeugt ... und schlief weiter. Was für eine Nacht!

✧✧✧✧✧✧✧

Ich (1971 - 1974)

✧✧✧✧✧✧✧

Anfang April 1971 heirateten H. und ich auf dem Standesamt in Bad Kreuznach. Seine Schwester und sein Schwager waren die Trauzeugen, wir gingen zusammen nach der Trauung zum Mittagessen in ein Restaurant und fuhren dann gemeinsam nach L. zu seinen Eltern, wo am Abend eine kleine Familienfeier stattfinden sollte.
Und wer klingelte an der Haustür? Meine Eltern! H.' Eltern hatten sich mit den meinen in Verbindung gesetzt und sie ohne mein bzw. unser Wissen eingeladen. Frieda war so großzügig, dass sie mir ein Hochzeitsgeschenk machte: ein Paar Topflappen. Da hätte ich gut darauf verzichten können!

Ein paar Tage vor unserer Heirat hatten wir eine neue, nun gemeinsame Wohnung in einer Hochhaus-Siedlung am Rande von Bad Kreuznach bezogen. 2 1/2 Zimmer, Küche, Bad. Schlecht geschnitten. Es sollte mehr Architektinnen geben!

Ich hatte ein Polsterbett, einen Kleiderschrank, eine (erdbeerrote) Couch, eine Kommode und Küchenschränke; H. hatte auch einen Kleiderschrank, einen Wohnzimmerschrank und einen runden Tisch, dessen Tischplatte höhenverstellbar war; eine weitere Couch wurde von H.s Eltern beigesteuert. Irgendwann kauften wir uns einen Kühlschrank und ein Sideboard. Herd war in der Küche vorhanden.

Wir wohnten im 6. Stockwerk, natürlich mit Fahrstuhl (der sogar meistens funktionierte).

Es gab drei Hochhäuser in dieser Siedlung, mit sechs Eingängen. Also - eigentlich waren es sechs Hochhäuser, von denen aber jeweils zwei eine Einheit bildeten. Inmitten dieser Ansammlung von Hochhäusern gab es einen großen Parkplatz mit einer Haltestelle des ÖPNV.

Kommunikationszentrum war - klar - die Kneipe! Außerdem gab es einen kleinen Supermarkt mit Metzgerei.
Für neu Zugezogene gab es nur eines, um Nachbarn kennen zu lernen: ein Kneipenbesuch.
Wir setzten uns an die Theke und kamen ins Gespräch mit einem Herrn, der fragte, ob wir denn schon Kontakte geknüpft hätten.
H. erzählte, dass ihm des öfteren eine kleine, blonde Frau im Fahrstuhl begegnen würde, die zwar ihn - aber nie seine Frau (mich) - grüßen würde. Er hätte den Eindruck, dass sie ihn anmachen wolle.
Wir quatschen noch ein bisschen und gingen dann nach Hause.

Ein paar Tage später waren wir wieder in der Kneipe - und eine wütende, sehr aufgebrachte kleine blonde Frau kam herein und erzählte der Wirtin: "Stell Dir mal vor: Da hat doch einer meinem H. erzählt, ich ..."

Der Herr war aus Österreich, sie auch. Er war Steuerflüchtling und lebte im Prinzip mit ihr zusammen. Manchmal kamen auch seine Frau und seine Kinder zu Besuch. An solchen Tagen musste die Freundin in ihrer eigenen Wohnung bleiben.

Ich glaube, sie hatte nie erfahren, dass mein Mann dies ihrem Freund, Partner, erzählt hatte, denn wir hatten jahrelang ein gutes Verhältnis zu ihnen. Bis ... Aber das gehört in ein anderes Leben.

Neben uns wohnte eine ältere Schwäbin, die immer von ihrem "Fritzi" erzählte, ihrem schon lange verstorbenen Mann. Ihr Sohn war Lehrer in Kiel. Sie machte wunderschöne Handarbeiten, und sie animierte mich dazu, Kunststrickdecken zu fertigen. Jede Frau in meiner Familie und in meinem Bekanntenkreis hatte eine - nur ich selbst nicht. Aber so ist das wohl meistens. Heute mache ich solche aufwändigen Decken nicht mehr, denn deren Aufspannen und Stärken auf dem Boden wäre mir jetzt mit meinem Rückenleiden unmöglich.

Heiko war auch in meinen vorherigen Wohnungen immer mal wieder an den Wochenenden zu Besuch gekommen, aber nun war es doch einfacher, wo wir ihm ein Gästezimmer bieten konnten. Es bürgerte sich ein, dass er alle zwei Wochen zu uns kam. Und mit H. verstand er sich gut.

Wir kauften uns einen gebrauchten Käfer.
Unsere erste größere Tour führte uns im Herbst 1971 nach Burgund.

Ich hatte einen Roman gelesen, dessen Handlung teilweise in der Nähe von Beaune angesiedelt war. Da wollte ich hin!
So eine Fahrt habe ich nie mehr gemacht und würde sie auch keinem raten; es war schrecklich! Aber man lernt ja aus seinen Fehlern - oder sollte es zumindest.

Bisher war ich immer nur tagsüber mit dem Auto unterwegs gewesen. Aber nun fuhren wir am Freitagabend direkt nach Arbeitsschluss los. Und es gab nicht, wie heute, Navigationsgeräte, die einem den Weg aufzeigen. So mussten wir uns unseren Weg alleine mit Hilfe von (schlechten) Straßenkarten suchen. Dann kamen auch noch Großbaustellen und

Umleitungen. Ach ja - zu allem Unglück fing es irgendwann an, in Strömen zu regnen; und ich bemerkte zum ersten Mal, dass ich des Nachts beim Autofahren ein blindes Huhn bin, erst recht bei solchem Wetter.

Irgendwann gegen Mittag waren wir an unserem Ziel angelangt. Geschlafen hatten wir nicht, und taten das auch nicht, denn wir wollten ja etwas sehen. Also suchten wir uns ein Hotel und machten uns danach an die Erkundung von Beaune. Bei unserem Stadtrundgang entdeckten wir auch ein Restaurant, das uns zusagte, sprich: nicht zu teuer für unsere Geldbörse war. Und wir hatten einen Glücksgriff getan; noch heute denke ich gerne daran zurück. Es schmeckte uns so gut, dass wir noch einige Male in diesem Restaurant aßen, auch mit Freunden, denen es genauso gut mundete wie uns. Aber davon berichte ich später.

Ich kann mich an unser erstes Menü in Frankreich noch gut erinnern: Als Vorspeise hatten wir Petersilienschinken gewählt, dann Forelle - und danach waren wir eigentlich schon gesättigt. Aber wir hatten ja ein 4-Gänge-Menü gewählt; jedoch nur dieses Mal und nie wieder. Danach gab es einen Riesentopf mit Boeuf Bourguignonne - einfach köstlich! An den Nachtisch kann ich mich gar nicht mehr erinnern, sicher hatten wir Käse. Wir waren so richtig pappsatt!

Am nächsten Tag, Sonntag, fuhren wir ein bisschen durch die Gegend, und dann gegen Abend wieder Richtung Heimat. Und es wurde ganz schlimm! Nebel! Nebel! Nebel! Manchmal war ich nahe daran, am Steuer einzuschlafen durch das eintönige Geräusch und das ständige Hin und Her der Scheibenwischer. Ich weiß nicht mehr, wann wir endlich zu Hause ankamen; aber sicher hatten wir nur wenig Zeit zum Schlafen, bevor wir wieder zur Arbeit mussten.

Aber Beaune hatte uns so gut gefallen, dass wir auf unseren späteren Fahrten nach Südfrankreich immer dort Station machten.

H. machte seinen Führerschein.
Wir kauften uns ein großes Zelt und machten im Frühling Urlaub in Südfrankreich, auf einem Campingplatz zwischen St. Tropez und Ramatuelle. St. Tropez kennt jeder, in Ramatuelle war ein Wohnsitz des Fotografen David Hamilton. H. hatte dort einmal mit Freunden Urlaub gemacht; es hatte ihm so gut gefallen, dass er wieder dort hin wollte.

Viele Jahre lang verbrachten wir dort unsere Urlaube. Erst allein; 1974, als mein Vater gestorben war, nahmen wir (leider) auch einmal Frieda und Heiko mit; dann mit meinem Sohn Heiko, der seit 1976 bei uns lebte; einmal wurden wir von H.s Eltern und seiner Schwester, die mittlerweile geschieden war, begleitet. Mit ihnen waren wir vorher ein paar Tage in Arles und besuchten auch Les Baux.

Jedesmal machten wir Station in Beaune, aßen Abends in "unserem" Restaurant, und allen schmeckte es. Aber nur ein einziges Mal schafften wir die große Menge an Boeuf bourguignonne: Als Heiko sich in seiner pubertären Fressphase befand. Anders kann man es nicht nennen.

H. war schon einige Jahre Mitglied des Schützenvereins Bingen, ging aber nur selten hin und war kein aktiver Schütze. Ab und zu begleitete ich ihn. Dann kam eines Tages ein Rundschreiben des Vereins: Sie wollten eine Abteilung für Bogenschießen gründen, und wer Interesse hatte, war zu einer

Informationsveranstaltung eingeladen. Ich war sofort Feuer und Flamme, mein Mann wollte zu diesem Treffen nicht mitkommen.

Ich meldete mich an für diese Abteilung. Ein “Schützenbruder”, der früher einmal diesen Sport betrieben hatte, fungierte als Ausbilder. Ein anderer, der in Bingen ein Sportwarengeschäft hatte, besorgte uns das nötige (gar nicht so preiswerte) Equipment, und es konnte los gehen.

Mittlerweile hatte sich auch H. entschieden, mit zu machen. Aber er ließ es wieder sein, als sich herausstellte, dass ich besser war als er. Er schloss sich statt dessen den Pistolenschützen an.
Bei den Bogenschützen wird im Sommer im Freien über vier Distanzen (70 - 50 - 25 - 18 m bei den Damen, 90 - 70 - 25 - 18 m bei den Herren) geschossen, und so ein Turnier dauert dann den ganzen Tag; im Winter in der Halle geht es nur über zwei kurze Distanzen (18 und 25 m).

Wir lebten also praktisch im Schützenverein; besonders, nachdem der Vorstand mich als Schriftführerin, und damit Mitglied des Geschäftsführenden Vorstandes einsetzte.

Am Mittwoch spielten wir bei und mit H.s Eltern Skat.

Ich kann sagen, dass wir in diesen ersten Jahren unserer Ehe ein mit seinem Leben zufriedenes Ehepaar waren.

Mein Bruder Gernot hatte uns eingeladen, ihn im Hotel “Savoy” in Arosa zu besuchen. Nach Absprache mit dem Geschäftsführer-Ehepaar während einer gästearmen Zeit und zum halben Preis, von dem er, Gernot, wiederum die

Hälfte übernehmen wollte.
Ende Januar/Anfang Februar war es soweit. Ich hatte mir für unsere Exkursion neue “Moonboots” angeschafft, ansonsten fühlten wir uns gerüstet. Und für die Fahrt ins Schneeland waren wir mit dem Käfer gut ausgestattet, besser als mit manch anderem Fahrzeug. Für alle Fälle hatten wir uns beim ADAC Schneeketten ausgeliehen.

Wir hatten mit meinem Bruder einen Treffpunkt vereinbart: Marktplatz, Café ...
Fast alles klappte; jedenfalls bis zu unserem Treffen am Marktplatz. Wir tranken etwas in einem Café mit G. und einigen Freunden/ Arbeitskollegen von ihm, dann fuhren wir zum Hotel und checkten ein.

Gegen Abend - es schneite und schneite und schneite - wollten wir trotzdem ein bisschen durch den Ort laufen, aber ich fand meine neuen Boots nicht. Also vermuteten wir, dass sie noch im Auto wären. Wir gingen Richtung Parkplatz, ich auf Socken! H. ging zum Auto, fand meine Stiefel nicht ... und brachte aus Verzweiflung ein Paar seiner Schuhe mit, die im Auto vergessen worden waren.

Stellt Euch die Situation vor: ICH stehe nur mit Strümpfen an den Füßen (Löcher hatten sie keine!) am Eingang eines 5-Sterne-Hotels neben dem Wagenmeister - und mein Mann bringt mir ein Paar seiner Schuhe!!! Wenn das jemand in einen Film einbauen würde, würde man es für sehr übertrieben halten. Aber genau so war es!
Meine Boots übrigens standen zu Hause.

Erst mal fiel der Spaziergang aus, und wir setzten uns in die Bar, wo uns die

Chefin entdeckte - und zu einem privaten Kartenspiel (Rommé? Canasta?) mitnahm. Und die anderen Bar-Besucher zerbrachen sich den Kopf, wer wir nur sein könnten, dass sich die Chefin persönlich um uns kümmert.

Am nächsten Morgen dann befragte Gernot seine Kolleginnen, welche die gleiche Schuhgröße habe wie ich und mir ein Paar Schuhe leihen könne. Im Prinzip wären alle dazu bereit gewesen - aber am besten passten mir die Stiefeletten seiner damaligen Freundin Gudrun. Problem gelöst.

Arosa war traumhaft! Wenn es nicht gerade schneite. Es lag meterhoher Schnee, alles war weiß bedeckt. Richtig schön! Und da nirgendwo die Wege und Straßen gestreut werden, blieb das auch so. Einfach herrlich!
Wir spazierten jeden Tag durch den Ort; oft zur Eisbahn und schauten den Eisläufern zu. Einmal fuhren wir mit der Bergbahn zum Weißhorn hinauf - und gingen ins Tal hinunter.

Wir hatten mit Gernot und Gudrun vereinbart, an seinem freien Abend uns vom Hotel-Kleinbus zu einer Hütte fahren zu lassen, Schlitten mitzunehmen und dann nach Käsefondue und dazu passenden Getränken mit den Schlitten zu Tal zu fahren.

Nur hatte sich Gernot schon am Nachmittag sinnlos besoffen und war dazu nicht mehr in der Lage. Und ich war sowas von böse darüber!, dass ich ihm vorm Hotel eine ordentliche Standpauke hielt und ihn wüst beschimpfte.

Wir machten den abendlichen Ausflug dann ohne ihn; nur H., ich und Gudrun; aber die Stimmung war doch sehr gedämpft.

Zwei Tage später mussten wir wieder nach Hause fahren. Diese Missstimmung unter uns hielt an, bis er um Geld bat, weil er Gudrun die besagte Abtreibung bezahlen wollte/musste.

Es muss im Sommer 1973 gewesen sein, als uns Pam, Bill, Neil und Karen in Bad Kreuznach besuchten, denn wir waren zumindest einmal mit meinem Vater zusammen unterwegs, und zwar zur Marksburg. Und es war Mitte August, denn wir waren zusammen auf dem Jahrmarkt (und Bill ging es am nächsten Tag nicht ganz gut).

Es ist natürlich eine große Umstellung, wenn man normalerweise nur mit zwei Personen in einer Wohnung ist, nun weitere vier zu beherbergen. Aber es war machbar.

Pam und Bill bekamen unser Schlafzimmer, genau so, wie wir auch ihres, wenn wir bei ihnen zu Besuch waren.
Neil und Karen schliefen im Gästezimmer auf der Schlafcouch, und wir, mein Mann und ich, benutzten im Wohnzimmer die Schlafcouch.

Wir kochten all das, von dem wir dachten, es wäre etwas Besonderes. Erstaunlicherweise machte am meisten Eindruck: mein Nudelauflauf mit Hackfleisch. Pam ließ sich davon das Rezept geben und erzählte später dann, dass sie den an jeder Geburtstagsfeier zubereiten würde, und dass alle das Rezept haben möchten.

Ich nenne das: kulinarische Völkerverständigung, und sie ist mir immer mal wieder begegnet.

Woran wir nicht gedacht hatten, dass das ein Problem darstellen könnte: Toilettenpapier. Da ist ja der Verbrauch eben dreimal so hoch wie normal. Jedenfalls mussten wir eines Abends feststellen, dass keines mehr da war. Die Geschäfte hatten schon geschlossen; es war ja nicht wie heutzutage, wo Supermärkte bis 24 Uhr geöffnet haben. Aber die Kneipe hatte noch geöffnet. Also gingen wir mit unseren Gästen noch ein Bier trinken ... und H. und ich stahlen jeder einen Pack Toilettenpapier, um bis zum nächsten Tag über die Runden zu kommen.

Ich arbeitete nun in der gleichen Firma wie H., zuerst in der Patentabteilung, wo es mir gar nicht gefiel; dann als Sekretärin im Weinlabor.

Hier erreichte mich auch 1974 die Nachricht vom Tod meines Vaters. Meine Kollegen bzw. Kolleginnen flößten mir erst mal etwas Hochprozentiges ein. Der Abteilungsleiter führte gerade einen Lehrgang über neue Untersuchungsmethoden für Wein durch; er wurde unterrichtet und beurlaubte mich so lange wie nötig, also unbefristet. Mein Mann kam und wir fuhren zu Frieda.

Dreimal England

Wie schon erzählt, hatten wir 1970 in einem Lokal in Rüdesheim die englische Familie Simpson kennen gelernt. Die Eltern Pamela und William, und die Kinder Neil und Karen. Wir hatten sie eingeladen zu H.s Eltern, und wir hatten dort einen netten Abend verbracht trotz der Sprachbarrieren, denn nur ich sprach leidlich Englisch.

Es entwickelte sich ein reger Briefwechsel, und wir wurden eingeladen, sie zu besuchen. Zuerst wohnten sie in einem Haus in Hitchin, später zogen sie um nach Letchworth, ganz in der Nähe. Beide Orte liegen in Hertforshire.

Insgesamt besuchten wir sie dreimal, und einmal waren sie bei uns in Bad Kreuznach. Und immer, wenn wir zu ihnen fuhren, war es abenteuerlich.

Der **erste Besuch** war (wohl 1971) in der Pfingstzeit, einer für deutsche Arbeitnehmer äußerst günstigen Urlaubstage-Zeit, und eigentlich wollten wir so ca. 10 - 14 Tage bleiben, und da rechneten sich auch die höheren Kosten für einen Flug. Aber: Bill teilte uns mit, dass sie selbst auch verreisen wollten, und so konnten wir nur 5 Tage bleiben. Deshalb warfen wir unsere Urlaubsplanung über den Haufen und buchten eine Zugfahrt. Das hieß damals: Eisenbahn nach Ostende, Fähre nach Dover, Eisenbahn nach London, Victoria-Station.

Wir schrieben einen Brief nach England mit den genauen Daten unserer Reise, vertrauten auf die englische Post und fuhren los.

Aber: Die englische (oder großbritische?) Post streikte, die Familie Simpson erhielt unseren Brief nicht. Und sie warteten am Flughafen Heathrow auf uns - und wir auf sie in London, Victoria-Station. Damals gab es auch noch kein Mobilphone, mit dem man alles ganz einfach hätte aufklären können.

Aber wir vertrauten darauf, dass sie wieder nach Hause fahren würden, von dort hatten wir ja die Telefonnummer; und wir erkundigten uns nach einer Bahnverbindung nach Hitchin.
Zuerst mussten wir von Victoria-Station nach Kingscross-Station - ganz einfach mit der U-Bahn. Und dann eben mit dem Zug nach Hitchin. Dort am Bahnhof riefen wir Pam und Bill an, die einen Schrei der Freude ausstießen, und sie holten uns am Bahnhof ab.

Obwohl uns Kollegen und Freunde vor dem angeblich so schlechten Wetter in London gewarnt hatten ("Was wollt ihr denn da? Dort ist es doch immer neblig.), war das Wetter einfach nur herrlich, und ganz ohne Regen oder Nebel.

Unser **zweiter Besuch** in England 1974 kurz nach dem Tod meines Vaters brachte ein neues Abenteuer.

Dieses Mal flogen wir - gegen Abend - mit irgendeiner kleinen Billig-Fluglinie. Das Flugzeug, in das wir einstiegen, machte auf mich keinen sehr vertrauenswürdigen Eindruck. Aber gut! Da alle anderen das nicht monierten, folgten wir ihnen. Und es ging ja auch alles gut.

Wir hatten diesen Flug im Reisebüro gebucht, und dann die voraussichtliche Ankunftszeit Pam und Bill mitgeteilt.

Und Pam und Bill fuhren nach Heathrow und warteten auf uns, während wir in Gatwick landeten und auf die Beiden warteten. Sch...

Kein Mensch hatte uns gesagt, dass London zwei Flughäfen hat! Auch die beiden Ortskundigen hatten nicht noch mal bei uns nachgefragt. Und, wie schon erwähnt: Es gab noch kein Mobiltelefon.

Wir riefen also wieder bei ihnen zu Hause an. Ich weiß nicht mehr, ob wir schon früh am Abend mit einem der Kinder sprachen oder dann erst mit Pam oder Bill, als sie wieder zu Hause waren. Aber wir verbrachten eine sehr ungemütliche Nacht im Flughafen Gatwick und machten uns am nächsten Morgen mit der ersten U-Bahn auf den Weg nach London-Kingscross und von da nach Letchworth.

Dort am Bahnhof gingen wir zur Telefonzelle. Eine etwas aufgeregt wirkende Frau kam uns entgegen - mit zwei Hunden an der Leine. Sie drückte uns die Hundeleinen samt Hunden in die Hand und ging zum Telefonieren.

In diesem Augenblick kam Bill in seinem Auto an. Sicher könnt Ihr Euch sein Gesicht vorstellen, dem sämtliche Züge entgleisten, als er uns mit den Hunden sah. Sicher kam ihm auch die Frage in den Sinn, was denn ihre eigene Hündin zu dem unerwarteten Zuwachs sagen würde. Aber wir konnten ihn ja sehr schnell beruhigen - und die Dame nahm ihre Hunde wieder in Empfang.

Während dieses Besuchs hatten wir eine unangenehme Begegnung in der U-Bahn: Taschendiebe. Doch in unserem bzw. meinem Fall waren es dann

betrogene Betrüger:
Wenn wir im Ausland waren, hatte immer nur mein Mann Geld bei sich. In meiner Geldbörse in meiner Handtasche befanden sich nur einige deutsche! Münzen, vielleicht max. 2 DM. Und die waren für die englischen Taschendiebe wertlos. Reingefallen!

Wir wohnten immer bei unseren Freunden, die uns ihr Schlafzimmer abtraten und selber auf Luftmatratzen schliefen. Morgens weckte uns Bill per Haustelefon, danach brachte er uns Tee ans Bett. Anschließend machte er Frühstück, brachte uns zum Bahnhof. Wir fuhren mit dem Zug nach London, abends wieder zurück, riefen an, dass wir angekommen sind, und Bill holte uns am Bahnhof ab.

Und dann der **dritte Besuch** in England, der am spektakulärsten war.

Wir hatten, klar doch, im Schützenhaus erzählt, dass wir nach England fahren würden, und gefragt, ob denn nicht jemand mitfahren wolle. Leichtsinnig! Und ein Ehepaar, beide nicht so ganz helle im Kopf, wollten mit. Nun konnten wir ja nicht Nein sagen. Aber da wir dieses Mal mit dem Auto auf die große Insel wollten, wäre es auch ganz praktisch gewesen, noch einen dritten Autofahrer dabei zu haben (sie, denn er konnte kein Auto fahren).
Aber - einige Zeit vor Beginn der Reise brach sie sich einen Fuß (?), ein Bein (?); jedenfalls hatte sie ein Gipsbein, und damit konnte sie natürlich nicht Autofahren.
Wir buchten in Mainz beim ADAC die Hovercraft-Fähre von Calais nach Dover (und zurück), die es mittlerweile nicht mehr gibt, wie mir Wikipedia erzählt hat. Ein Heidenspaß!

Wir fuhren am späten Abend los, und schon die Autofahrt gestaltete sich etwas schwierig. Die beiden hatten gemeint, ihr Mini-Kombi von Isuzu, einem japanischen Autobauer, hätte mehr Stauraum als unser Opel-Ascona. Aber weit gefehlt! Und die Straßenlage und Höchstgeschwindigkeit ihres Autos waren erbärmlich; wir hatten in jeder Kurve Angst, dass das Fahrzeug umkippen würde.
Wie dem auch sei - wir kamen zum Glück heil in Calais und auch in Dover an.
Wir suchten uns ein B&B und fanden einen Bauernhof, etwas abgelegen, und herrlich altmodisch. Am Abend fuhren wir in den nächsten Ort zum Pub. Mein Mann und ich, wir tranken Bier, Manfred wollte einen Whisky, und dann noch einen. Und dann schlief er fast ein. Wir hielten das für einen kleinen Rausch, denn nach der Nacht ohne Schlaf, dann auch noch den ganzen Tag unterwegs, da kann so etwas ja schon mal vorkommen. Obwohl er nie ein Abstinenzler war und eigentlich so zwei Whisky hätte vertragen müssen.

Wir fuhren also wieder zu unserem Domizil, und wir mussten Manfred fast in sein Zimmer tragen! Im Aufenthaltsraum am Kamin saßen Hausherr und Hausherrin mit Gästen und starrten uns ganz unbritisch an. Und wir schämten uns für M.

Am nächsten Morgen klärte sich das Ganze auf. Beim Frühstück sagte M. zu seiner Frau: “Sag mal, die Diabetes-Tabletten sind aber ganz andere als vorher! Die sind ja nun hellblau, früher waren sie weiß.”
So stellte sich heraus, dass er statt seiner Diabetes-Pillen ihre Schlaftabletten genommen hatte, und zwar in einer Dosis, dass es einen Stier umgehauen hätte!

Er schlief während des ganzen Tages immer wieder ein, aber wir wussten ja nun, warum.

In einem Fish-and-Chips-Lokal, dessen Wirt in Deutschland Soldat gewesen war, ließ er zu allem Unglück auch noch seine neu erworbene Filmkamera stehen. Deshalb mussten wir auf der Rückfahrt noch mal in diesen Ort; er bekam sie zum Glück wieder.

In Guildford war es, wo uns im Hotel James, der Butler von Miss Sophie begegnete. Er hatte uns noch am Abend, als wir aus dem Pub zurück kamen, an der Hotelbar einen "Absacker" serviert; und dann war er selbst wohl versackt.
Jedenfalls ging es ihm am nächsten Morgen noch nicht wieder sehr gut; und seine Frau schaute recht grimmig. Er vollführte die gleichen Bewegungen beim Eingießen des Tees wie James: Schon 5 m (oder so) vor unserem Tisch, begann er, auf die Tassen zu zielen. Irgendwann konnte seine Frau dem nicht mehr zuschauen und übernahm diese Tätigkeit selbst.

Dass Manfred in der ersten Zeit des Abends zu kräftig dem Alkohol zusprach, und irgendwann kein Geld mehr hatte, und wir ihm welches leihen mussten, ist schon fast nicht mehr erwähnenswert.

Wir verbrachten auf dem schon erwähnten Bauernhof nochmal auf der Rückfahrt eine Nacht, und hatten auch ein Dinner gebucht, das es nur auf Vorbestellung gab. Na ja, Manfred war, wie gesagt, nicht der Hellste, und seine Tischmanieren ... Schwamm drüber!

✧✧✧✧✧✧✧

Ich (1974 - 1975)

✧✧✧✧✧✧✧

Wie schon mehrfach gesagt, verstarb mein Vater am 14. Mai 1974, kurz vor seinem 63. Geburtstag, infolge seines dritten Herzinfarktes und unterlassener Hilfeleistung von Frieda, wie wir erst viel später erfuhren.
Im Krematorium Mainz fand eine Trauerfeier statt. Der engagierte Trauerredner sprach sehr schön, obwohl er erst kurz davor ein paar Einzelheiten aus meines Vaters Leben erfahren hatte. Viele Verwandte waren anwesend, ebenso viele Bürger Steinhardts, die einen Bus gemietet hatten, um zum Krematorium zu kommen. Anschließend fand ein Leichenschmaus, d. h. ein gemeinsames Kaffeetrinken, statt, der sich aber wie meist in solchen Fällen zu einem lustigen Treffen mit einigem an alkoholischen Getränken entwickelte.

Zum Glück hatten wir schon unsere zweite Reise nach England gebucht, und ich wechselte zum 1. Juli meinen Arbeitsplatz: von einer Abteilungssekretärin zur Geschäftsleitungssekretärin einer Tochterfirma, auch in Bad Kreuznach.
Warum zum Glück? Im Weinlabor waren ein paar sehr konservative Damen tätig, die es nicht verstanden hätten, wenn ich nicht mindestens ein ganzes Jahr in Tiefschwarz gekleidet gewesen wäre. Herbert legte auf solche Äußerlichkeiten nicht im mindestens Wert, und auch ich bin der Meinung, dass Trauer sich nicht in der Kleidung manifestiert.

Nun fuhren wir fast jedes Wochenende zu Frieda nach Steinhardt, damit sie nicht alleine war. Manchmal unternahmen wir irgendetwas und fuhren mit

ihr irgend wohin, manchmal blieben wir aber auch zu Hause. Ganz nach Lust und Laune - und Wetter.
Außerdem wir boten ihr an, nicht nur Heiko, sondern auch sie mitzunehmen auf unsere Reise nach Südfrankreich. Ich weiß nicht, ob sie sehr begeistert davon war, ins Land der "Erbfeinde" zu fahren. Allerdings wäre die andere Alternative gewesen, dass wir ihr Herzblatt Heiko "entführt" hätten, und dass sie ganz alleine in dem großen Haus von über 200 qm gewesen wäre. Damals hatte sie noch keine Mieter im Obergeschoss.
Da wir wie all die Jahre zum Campingplatz "Kon Tiki" wollten, mieteten wir dort für die geplante Zeit für sie und Heiko einen Wohnwagen. Immer wieder schärften wir ihr ein, dass sie nichts, gar nichts, an Lebensmitteln mitnehmen müsse/solle, denn alles könne sie dort auf dem Campingplatz kaufen.

Als wir am Morgen unserer Abreise in Steinhardt ankamen, traf uns fast der Schlag. Frieda hatte mehr Gepäck als wir mit unserem richtig großen Zelt. Nicht nur das nötige Bettzeug und ihre Kleidung kamen da zum Vorschein, sondern auch Kaffee, Gläser mit Würstchen, Tütchensuppen, eine Salami von Aldi usw. Wir hatten Mühe, alles im Auto unterzubringen. Letztendlich sassen Frieda und Heiko dann auf den Rücksitzen inmitten von Bettdecken und Kopfkissen und anderem Gedöns.
Unsere Kleidung bestand aus jeweils einer Jeans und einem Shirt zum Wechseln, einer Badehose bzw. einem Bikini - und alles für H. und mich hatte in unserer Kühlbox Platz.
Einiges musste Frieda doch zu Hause lassen, weil unser Auto kein Lkw sondern nur ein Opel Rekord war, den wir von H.s Vater bekommen hatten, als der sich ein neues Fahrzeug kaufte. Denn unser Käfer war in die Jahre gekommen und hatte gekränkelt.

Frieda rührte keinen Finger, sass im Auto wie die Queen persönlich, mit einem Gesichtsausdruck, der sagte: "Ihr wolltet, dass ich diese Strapazen auf mich nehme, also sorgt dafür, dass ich es bequem habe, und dass wir bald ankommen".

Zu allem Unglück passierte natürlich ein solches: Der Anlasser streikte. Auch die von mir bei einem ADAC-Pannenkurs erlernten Hilfsmethoden fruchteten nicht. Also mussten wir bei jedem Stopp entweder den Motor laufen lassen, was bei Pinkelpausen durchaus möglich war, da immer jemand beim Wagen bleiben konnte, jedoch beim Tanken unmöglich, denn dafür muss man den Motor ausschalten.

Und anschließend mussten wir unser Auto anschieben - mit Frieda auf dem Rücksitz, denn sie weigerte sich, ausnahmsweise auszusteigen, um uns so ca. 90 kg Gewicht beim Schieben zu ersparen.

So gelangten wir nach Beaune. Das nächste Unglück geschah: Angeblich hatte das Hotel unser Fernschreiben, mit dem ich von der Firma aus Zimmer gebucht hatte, nicht erhalten. Also mussten wir uns auf Zimmersuche begeben. Wir hatten Glück und fanden eine Unterkunft, mussten aber leider alle gemeinsam in einem Zimmer schlafen.

Zuerst machten wir einen kleinen Stadtbummel und gingen in ein Bistro, das H. und ich schon kannten. Für den kleinen Hunger aßen wir ein Omelett. Dort kam es zu dem schon im Kapitel "Frieda, meine Gebärerin" erwähnten Dialog.

Dieses Mal gingen wir zum Abendessen nicht in unser gewohntes Restaurant, denn das Hotel, in dem wir freundlicherweise noch das Zimmer bekommen hatten, betrieb ein Restaurant etwas außerhalb in den Weinbergen, und lud seine Gäste dorthin ein; Weinprobe inklusive, die zwischen Bestellung und Servieren des Essens stattfand.

Wir hatten mit dem Hotel vereinbart, dass wir am nächsten Tag sehr früh (und ohne Frühstück) aufbrechen würden. Es war das gleiche Spiel wie am Tag zuvor: Nach jedem Tanken setzte ich mich ans Steuerrad und mein Mann schob mit geringer Hilfe meines 10jährigen Sohnes den Wagen an, was sich manchmal recht schwierig gestaltete, vor allem wenn es leicht bergauf ging. Und die Leute schauten ganz erstaunt und ungläubig, da sie sicher noch nie gesehen hatten, dass in so einer Situation eine Person im Auto sitzen blieb.

Na gut - oder schlecht! Wir erreichten unser Ziel! Wir verfrachteten Frieda erst mal in ihren gemieteten Wohnwagen, zeigten ihr alles, was sie fürs erste brauchte - und bauten dann auf dem uns zugewiesenen Platz unser Zelt auf. Frieda musste sich natürlich vergewissern, dass wir ihr auch alles richtig erklärt hatten, und fragte einen deutschen Nachbar-Camper nach der Handhabung ihres Caravans.

Dann gingen wir gemeinsam in den kleinen Supermarkt des Campingplatzes, der alles Nötige fürs tägliche Leben bot - auch Stangeneis für die Kühlbox. Frieda bekam den ersten Schock: All die Sachen, die sie zu Hause gekauft und mitgenommen hatte, gab es dort auch, so wie wir ihr das prophezeit hatten. Und nicht nur das: Diese Sachen waren dort auch noch preiswerter als in Steinhardt oder Sobernheim! Also das ging nun doch entschieden zu weit! Diese Reise war der reinste Horror für sie!

H. und ich gingen sicher an diesem Abend noch in die Kneipe auf ein Bier oder zwei. All den Frust hinunter spülen.

Der Tagesablauf gestaltete sich immer gleich: Frühstück - Einkaufen - Strand - Mittagessen - nachmittags im Schatten sitzen oder nach St. Tropez fahren (nachdem unser Auto wieder in Ordnung war) - Abendessen - abends noch etwas trinken. Frieda blieb die meiste Zeit bei ihrem Wohnwagen; aber pünktlich um 12 Uhr und um 18 Uhr erschien sie bei unserem Zelt und wartete aufs Essen. Und nicht einmal hat sie bei der Zubereitung geholfen. Wie gesagt: “Ihr wolltet mich in Feindesland mitnehmen, also seht auch zu, wie ihr zurecht kommt!” Da kommt Freude auf!

Mein Frust über diese Situation führte zu einem drastischen Schritt, um Frieda (mal wieder) zu provozieren: Ich ging “oben ohne”. Zumindest immer dann, wenn sie in der Nähe war. Ansonsten ging ich mit dieser Kleider(un)ordnung sehr vorsichtig um, denn zum einen habe ich sowieso als rotblonde Menschin sehr empfindliche Haut, zum anderen ist die Haut an diesen normalerweise verhüllten Stellen besonders sensibel.

Wir setzten uns mit dem ADAC in Verbindung, der uns an eine Kfz.-Werkstatt in Ramatuelle verwies. Wir fuhren einmal dort hin, der junge Mann schaute sich unser Auto an, musste Ersatzteile bestellen, gab uns einen Termin so ungefähr eine Woche später. Wir fuhren wieder dort hin, verbrachten einen ganzen Tag im Ort - sehr mühselig! Denn außer zwei, drei Gassen, einem Platz mit einem Baum in der Mitte, um den rundherum eine Bank ging, gab es wirklich nichts. Also ab und zu Bank, ab und zu Kneipe. Nach dem Mittagessen spazierten wir nach etwas außerhalb des Ortes und legten uns ins Gebüsch. Aber bei meiner Kleintier-Phobie ist so etwas nicht der geeignete Ruheplatz.
Doch letztendlich schlugen wir die Zeit tot, und am Abend hatten wir wieder ein funktionierendes Kraftfahrzeug.
Nun konnten wir uns endlich wieder bewegen, und wir machten eine Fahrt nach Monaco / Monte Carlo, wo ich immer wenn wir dort Urlaub machten, im Spielcasino mein Glück versuchte - mit einem kleinen Betrag, den wir

unbedingt verschmerzen konnten. Dieses Mal, trotz des ständigen “Du wirst doch nicht nochmal!?” und “Lass das doch endlich sein!” und ähnlicher Ausrufe, gewann ich richtig! Ich hatte mit zwei kleinen Chips angefangen, hatte mit Noir/Rouge- und Pair/Impair-Setzen ein paar dazu gewonnen und setzte nun meine Anfangs-Chips auf meinen Geburtstag - und der kam!!! Das hatte sich gelohnt. Frieda registrierte nur, dass ich endlich aufhörte zu Spielen, aber nicht meinen Gewinn.

Wir aßen eine Kleinigkeit in einem Café gleich beim Casino, wo Frieda sich dazu verstieg, die Serviette einzustecken als Beweis, dass sie dort gewesen war, gingen dann wieder zu unserem Auto und fuhren zurück nach St. Tropez.

Natürlich waren wir auch einige Male in St. Tropez im “Gorille”, wo es das meines Erachtens beste “Steak Tatar” der Welt gibt. Wobei der “Salade Nicoise” dort auch nicht zu verachten ist.
Jedoch mit einer immer nörgelnden, schlecht gelaunten Frieda im Schlepptau machte das alles nicht so richtig Spaß. Auch ein aufkommender Sturm, der uns eine ganze Nacht lang wach hielt, weil wir Angst hatten, unser Zelt würde zusammenbrechen, und das wir deshalb mit Stangen von Schilf verstärkten, und außerdem ständig kontrollierten, trug nicht zu unserer Erheiterung bei.

Irgendwie waren wir froh, als wir wieder nach Hause fahren konnten. Und wir machten das, was wir sonst nie machten: Heimfahrt in einem Rutsch. Die Strecke kannten wir ja; es war fast nur Autobahn. Frieda bekam den Beifahrersitz, Heiko sass hinten; jeweils eine/r von uns fuhr, der/die andere legte sich hinten zum Schlafen hin, Heiko nahm nicht sooo viel Platz ein, das ging. Nach ca. 15 Stunden waren wir in Steinhardt, lieferten die Beiden ab und fuhren in unser gemütliches, ruhiges Zuhause in Bad Kreuznach.

Und wir schworen uns: Einmal und nie wieder! Nie wieder verreisen mit Frieda!!!

Ich hatte meine neue Arbeitsstelle - ganz ungewöhnlich - mit Urlaub angetreten. Aber da mein neuer Arbeitgeber eine Tochterfirma des alten war, und ich von dort auch noch Urlaubsanspruch mitbrachte, durchaus vertretbar. Mein neuer direkter Vorgesetzter, Herr Dr. P., war gar nicht so unzufrieden mit meinem Anliegen gewesen; hatte er selbst doch auch in dieser Zeit Urlaub. Er hatte Familie, Ehefrau und zwei Töchter, die noch zur Schule gingen; die eine studierte später Musik in Mainz.

Vor meinem offiziellen Arbeitsbeginn war ich schon einige Nachmittage in meiner neuen Firma tätig gewesen, da der Jahresbericht für den Aufsichtsrat erstellt werden musste, d. h.: seitenweise Zahlen, Zahlen, Zahlen ... Der Leiter der Finanzbuchhaltung, Herr K., sagte mir, dass sie deshalb mich aus den Bewerberinnen für diesen Posten ausgewählt hätten, weil ich sogar Zahlen blind (und richtig) schreiben konnte. Diese Fähigkeit ist sogar in Zeiten von PC usw. noch wertvoll und u. U. förderlich.

Unser morgendliches Ritual hatte sich also nun dahingehend geändert, dass ich erst meinen Mann zur Arbeit brachte und dann zu meiner Arbeitsstelle fuhr. Da gab es auch bessere Parkmöglichkeiten. Abends ging mein Mann ein Stück zu Fuß; ich nahm ihn ab der Firma Schneider-Optik mit nach Hause. Manchmal gingen wir noch auf einen Wein oder ein Bier in eines der Gasthäuser, die sich in der Nähe befanden.

Ich hatte mich bald an meinem neuen Arbeitsplatz eingelebt. Ich teilte ein Büro mit einer Kollegin, Sekretärin des Verkaufsleiters. Schon wieder eine schwangere Kollegin! Ich hatte erst im Weinlabor mit einer solchen Kollegin, die ihre Schwangerschaft weidlich für Fehlzeiten ausnutzte, arbeiten müssen. Komisch, da doch Schwangerschaft keine Krankheit ist, sondern eigentlich ein für Frauen "gottgegebener" Zustand!

Jedenfalls nutzte auch meine neue Kollegin ihre besonderen Umstände nach Herzen aus. Bei jedem Ziepen, bei Rückenschmerzen, bei Kopfschmerzen, bei also jedem kleinsten Zipperlein ging sie nach Hause und blieb dann die erlaubten drei Tage der Arbeit fern, und keiner konnte ihr was, denn sie stand ja unter dem besonderen Schutz des Arbeitsrechts.

Aber ansonsten war sie eine angenehme Kollegin, und wir hatten viel Spaß damit, während arbeitsarmer Stunden für die bevorstehenden Weihnachtstage Geschenke zu stricken, zu häkeln. Während dieser Zeit häkelte ich für Heiko aus stabilem Garn Fünfecke in den Farben Gelb, Orange und Braun, um sie dann zu einem großen Ball zusammen zu fügen, der mit Schaumstoff gefüllt wurde, und den er viele Jahre als Sitzball benutzte.

Herr K., der Finanzbuchhaltungschef, fand diese kreative und sinnvolle "Nebenbeschäftigung" jedenfalls besser als Zeitung lesen, wie er kund tat.

Einziger Wermutstropfen war Herr E., ein älterer Mann, der als Bürobote, Faktotum, angestellt - und mir unterstellt war. Herr E. hatte früher ein Milchgeschäft geführt, war aber in Konkurs gegangen. Kein Wunder, denke ich. Er hatte manchmal sehr abstruse Gedanken und war die Umständlichkeit in Person. Wenn ich ihn z. B. zum Einkaufen schickte, und er sollte Kaffee, Zucker und Kaffeesahne besorgen, dann kaufte er diese Dinge in drei verschiedenen Geschäften. Seine Begründung: Man sollte jedem etwas zu verdienen geben. Im Prinzip hatte er damit ja nicht unrecht. Nur hätte er auch das eine Mal in dem einen Geschäft, das nächste Mal im anderen ... usw. alles einkaufen können; das hätte das gleiche Ergebnis erbracht. Aber meine Vorhaltungen erzielten nur ständig wieder in die gleiche Antwort: “Ich bin älter als Sie, also weiß ich das auch besser.” Und als Clou des Ganzen kam der Spruch: “Schließlich hatte ich viele Jahre lang ein eigenes Geschäft.” Dass er damit Konkurs gemacht hatte, daran dachte er nicht mehr; und ich musste mir immer selbst in Gedanken den Mund zuhalten, um es nicht zu sagen.

Der absolute Renner war die folgende Begebenheit:
Ich hatte in einem Blumengeschäft einen Blumenstrauß bestellt, für ein Mitarbeiter-Jubiläum. Herr E. sollte die Blumen abholen. Ich schrieb ihm auf, in welchem Blumenladen das war, Adresse usw. Und er versicherte, dass er alles verstanden habe. Er fuhr los in die Stadt - und kam laut schimpfend wieder. Schimpfend über die Unfähigkeit der heutigen Geschäftsleute. Letztendlich stellte sich heraus, dass er in ein ganz anderes Blumengeschäft gegangen war als das, was ich ihm benannt hatte. Natürlich wussten die von nichts, konnten gar nichts davon wissen. Aber Herr E. in seiner Unfehlbarkeit ...

Einige Male war es schon fast zu seiner Entlassung gekommen, doch der Betriebsrat hatte immer wieder auf sein Alter, seine Situation hingewiesen, und die Geschäftsleitung hatte ihn behalten.

Einmal brachte er mir Blumen zu meinem Geburtstag; ich war total erstaunt. Zu seinem Glückwunsch fügte er hinzu: “Sie werden sich sicher wundern, dass ich Ihnen gratuliere, aber ich verknüpfe damit die Hoffnung, dass sie mit dem neuen Lebensjahr auch an Einsicht in die Richtigkeit meiner

Handlungsweise gewinnen." Natürlich hat er sich nicht so gepflegt ausgedrückt wie ich jetzt hier.

Dann fing er an, sich über die Angestellten in der Werkstatt zu beschweren; sie würden ihm immer wieder aus Gehässigkeit ihre Werkzeugwagen in den Weg stellen, damit er darüber falle. Und am gehässigsten wäre dieser Betriebsrat.

Wir konnten ihn nun wirklich nicht mehr behalten, ihm wurde gekündigt. Er erhob dagegen Klage beim Arbeitsgericht.
All dies brachte er bei seiner Klage vor. Als der Vorsitzende ihn darauf hinwies, dass doch gerade der Betriebsrat des öfteren schon eine Kündigung verhindert habe, antwortete er: "Das war alles nur Tarnung."

Und dann fand er in seinem Spind eine alte Farbdose, die er sicher selbst da hin gestellt hatte. Die Dose war nicht ganz dicht verschlossen gewesen, und die Farbe am Rand hatte Blasen gebildet. Er wollte die Polizei anrufen, denn das sei eine Bombe!

So endete das Arbeitsleben des Herrn E. - nicht durch eine Bombe, sondern mit der Entlassung.

✧✧✧✧✧✧✧

Foxi, der Yorkshire-Terrier

✧✧✧✧✧✧✧

H. wollte einen Yorkshire-Terrier, weil er bei einem Nachbarn einen gesehen hatte.
Ich kümmerte mich darum, und kurz vor Weihnachten fuhren wir am Abend nach der Arbeit nach Mannheim, um ihn abzuholen.
Da er "Fuchs vom Rölveder Land" hieß, nannten wir ihn "Foxi".

Ach, war er klein! Gerade mal eine Handvoll Hund! Aber überall durfte er mit hin. Natürlich auch am Sonntagmorgen ins Schützenhaus. Ab sofort gingen wir nur noch in Kneipen, in denen auch unser Hund willkommen war.
Bald wusste er: Wenn Herrchen und Frauchen bezahlen, dann geht es weiter, dann darf ich wieder laufen. Denn er lief leidenschaftlich gerne und ausdauernd. Würde man so einem kleinen Kerl gar nicht zutrauen.

Obwohl er soooo klein gar nicht war. Er war kein Mini-Hund, sondern ein ganz normal-großer Yorkshire-Terrier.

Ab diesem Zeitpunkt durften wir erst bezahlen, wenn wir auch aufbrechen wollten. Denn sonst war der Teufel los; er war kaum zu bändigen. Er sprang und hüpfte hin und her und auf und nieder, bis wir endlich gingen.

Am liebsten aß er das, was wir auch aßen, egal was es war. Am Morgen frühstückte er mit meinem Mann Marmeladenbrot; er bekam seinen Teil in kleine "Reiterchen" geschnitten, und die reichte ihm mein Mann. Wenn es

Bratwurst gab, dann wurde eine mehr gekauft, und die war für Foxi. Statt Schnitzel gab es ab sofort nur noch Kotelett.
Er aß sogar Handkäs mit Musik und Matjesheringe. Nichts schreckte ihn, solange nur wir es auch aßen.

Und er hatte von all diesem eigentlich nicht hund-gerechten Essen niemals Probleme. Er war ein gesunder Hund.

Und er trank Bier; am liebsten Export. Pils war ihm wohl zu bitter. Deshalb bestellte sich mein Mann im Schützenverein immer Export (dort gab es nur Flaschenbier) und Foxi bekam etwas davon in einem Aschenbecher serviert. In unserer Stammkneipe in Bad Kreuznach musste er doch mit Pils vorlieb nehmen. Dort tranken wir Glas-Bier mit einer schönen Schaumkrone; und davon bekam Foxi je einen Finger voll zum Abschlecken.

Nur einmal, wir waren in Urlaub im Chiemgau; in einer Landgaststätte unterwegs bot ihm ein Mann, der am Nebentisch Weißwürste gegessen hatte, seine Reste davon an ... und die verschmähte er. Entweder waren die Würste nicht nach seinem Geschmack, oder er mochte diesen Mann nicht. Unter uns gesagt: Diese Kneipe gefiel uns auch nicht.

Nur eines mochte er nicht, obwohl er doch quasi im Schützenverein aufgewachsen war: Knall, Schüsse, Feuerwerk.
An Silvester legte ich mich meist mit ihm um Mitternacht ins Bett, nahm ihn in den Arm, tröstete ihn.

Seine Knochen, sei es vom Kotelett, sei es, dass wir ihm welche beim Metzger kauften, "vergrub" er in der Wohnung. Er schleppte sie in irgend-

eine Ecke, scharrte auf dem Fußboden, und dann legte er seinen Knochen in diese imaginäre Kuhle - und häufte mit dem Kopf die imaginäre Erde über seinen Knochen.
Aber wehe, er bemerkte, dass wir ihn dabei beobachtet hatten: In solchen Fällen grub er seinen Knochen wieder aus, schleppte ihn an eine andere Stelle der Wohnung - und das Spiel begann von vorne.

Er war wohl der einzige Leidtragende unserer Scheidung: H. nahm ihn mit, und ich hörte, dass er ihn an andere Leute in seinem Heimatort weiter gegeben hat.

Mittlerweile ist er ganz sicher schon lange im Hunde-Himmel.

✧✧✧✧✧✧✧

Ich (1975 - 1980)

✧✧✧✧✧✧✧

Eines trübte unser Eheleben: Ich wurde nicht schwanger. Und ich hätte so gerne noch ein Kind gehabt. Ich bat H., sich von einem Arzt untersuchen zu lassen, und als "Anreiz" für ihn ging ich selbst zum Gynäkologen, um meine Fähigkeit zum Gebären mir bescheinigen zu lassen. Ich hatte sie zwar schon unter Beweis gestellt, aber man weiß ja nie - ein Körper verändert sich.
Doch es nützte nichts; H. ging nicht zum Arzt. Und so wartete ich Jahr um Jahr auf eine erneute Schwangerschaft, die nicht eintrat.

Heiko besuchte mittlerweile die Realschule, war aber damit nicht so ganz glücklich, und offenbar die Lehrer auch nicht mit ihm. Obwohl er bei seiner Großmutter lebte, bestellte sein Klassenlehrer uns zu sich und riet uns, ihn zu uns zu nehmen. Frieda war entsetzt! Aber mit seinen Lehrern im Rücken setzte ich mich durch.

Wir richteten für ihn das Gästezimmer neu ein, wir meldeten ihn bei der Realschule in Bad Kreuznach an und hatten dort ein ausführliches Gespräch mit dem Direktor. Heiko wurde wegen seiner schlechten schulischen Leistungen (seltsam, dass die Frieda nicht gestört hatten, wo sie doch damals bei mir so engstirnig war) ein Jahr zurück gestuft. Wir fanden alle, dass das das Beste für ihn sei; außerdem vermieden wir damit eine evtl. Wiederholung der Klasse im Jahr darauf. Er kam schon während der Schulferien zu uns, damit wir uns aneinander gewöhnen konnten. H. und ich hatten uns Urlaub genommen.
Es war noch keine Woche vergangen, da rief Frieda schon an, ob wir ihr

Heiko über's Wochenende nach Steinhardt schicken könnten. Aber wir lehnten ab mit der Begründung, dass er sich erst mal bei uns und in der neuen Umgebung eingewöhnen solle, und dass zu diesem Zeitpunkt ein dauerndes Hin- und Her-Gezerre nicht zu seinem Besten wäre. Abgesehen davon, dass Heiko auch Spaß daran fand, bei uns "Jüngeren" in Bad Kreuznach zu sein.

Natürlich fuhr er dann später jedes zweite Wochenende zu seiner Großmutter nach Steinhardt. Das hätten wir ihm nie untersagt, auch wenn unsere Beziehung zu ihr nicht optimal war.

Ich hatte an meiner Arbeitsstelle darum gebeten, nur noch halbtags tätig sein zu können, und meinem Ersuchen wurde stattgegeben. Also war ich jetzt am Nachmittag, wenn Heiko aus der Schule kam, zu Hause. Ich konnte seine Schularbeiten beaufsichtigen, und manchmal konnten wir auch etwas gemeinsam unternehmen.

Es hatte sich ärztemäßig, und vor allem zahnärztemäßig seit meiner Kindheit/Jugend in Sobernheim wohl nicht viel verändert. Denn schon bei mir hätte eigentlich eine Zahn- und Kieferkorrektur in der Kindheit stattfinden müssen. Aber: 1976 stellte ein Zahnarzt in Bad Kreuznach das ebenso für Heikos Zähne fest. Und: Es war höchste Eile geboten, denn eine Kiefer-Korrektur ist nur bis zu einem bestimmten Knochen-Wachstums-Stadium machbar.

Die Kieferorthopäden in Bad Kreuznach konnten (oder wollten) uns erst einen Termin in einem Jahr geben, also mit Sicherheit zu spät.

Doch ein Kollege, den ich eigentlich nicht mochte, weil er immer so überheblich tat ("Geben Sie mir den Wirtschaftsteil der Zeitung, nehmen Sie das Feuilleton!"), kannte eine Kieferorthopädin, die sich in Mainz niederlassen wollte, und er gab mir ihre Telefonnummer. Wir hatten Glück und bekamen einen frühen Termin.

Zuerst fuhr ich mit ihm hin. Die Praxis befand sich nicht weit vom Hauptbahnhof entfernt. Bald konnte Heiko alleine hinfahren.

1976 dann kamen meine Schwiegereltern und meine Schwägerin, die sich mittlerweile hatte scheiden lassen, mit nach St. Tropez. Wir mussten ja nun während der Sommerferien dorthin fahren; deshalb war ein Wohnwagen erst einige Tage später als von uns gewünscht verfügbar. Aber wir machten aus der Not eine Tugend.

Wie fast immer übernachteten wir das erste Mal in Beaune; und am Abend gingen wir - Ihr wisst schon - in "unser" Keller-Restaurant in der Innenstadt. Dann hatten wir für einige Tage Zimmer in einem Hotel in Arles-Trinquetaille gebucht, gegenüber der Altstadt, die am Ostufer der Rhône liegt. Eine Stadt, in die ich gerne noch mal fahren würde. Mit dem gebuchten Hotel hatten wir einen Glücksgriff getan.

Wir machten natürlich eine Stadtbesichtigung, besuchten das Amphitheater und umwanderten seine Steinummauerung, das römische Theater, und genossen den Flair dieser schönen alten Stadt. Heiko war einige Jahre später noch mal dort - mit seiner Schulklasse. Er hatte von dieser Stadt geschwärmt, und so hatten sich seine Mitschüler entschlossen, seiner Empfehlung zu folgen und dort hin zu fahren - und diese Stadt gefiel auch ihnen.

Wir machten eine Rundfahrt durch die Camargue, soweit dies mit Pkws möglich ist, sahen Wildpferde und Flamingo-Herden.
Wir fuhren auch nach Les Baux, nach dem das Bauxit benannt wurde, das dort abgebaut worden ist. Es gehörte einmal zu Monaco, dessen Fürsten immer noch den Titel "Comtes de Les Baux" tragen, obwohl der Ort und der Felsen mit der Burg längst staatsrechtlich zu Frankreich gehören.

Der Aufenthalt auf dem üblichen Campingplatz gestaltete sich mit H.s Eltern und Schwester auch weit erfreulicher als mit Frieda. Im Prinzip verbrachte jeder den Tag nach eigenem Gusto. Meine Schwiegereltern hatten ihren Wohnwagen und versorgten sich selbst und ihre Tochter, die ein kleines Zelt in der Nähe von unserem aufgeschlagen hatte; wir brauchten nur für uns zu sorgen. Und da wir mit zwei Autos unterwegs waren, konnten wir uns auch in unseren "Freizeit-Aktivitäten" unabhängig voneinander bewegen. Natürlich unternahmen wir auch vieles gemeinsam.

Wir hatten uns nach dem Sturm-Erlebnis, damals auf unserer Reise mit Frieda, ein neues, stabileres Zelt gekauft und noch zusätzlich eine Sturmverspannung anbringen lassen. Aber natürlich war das Wetter uns seitdem wohlgesonnen.

Dies werde ich nie vergessen: Mein Mann und ich, wir hatten uns in St. Tropez schicke weiße Jeans gekauft. Dann trugen wir sie - natürlich mit einem weißen Shirt dazu - als wir alle im "Gorille" Steak Tatar essen waren. Es wurde serviert - Worcester-Sauce gehört dazu, und die muss man bekanntlich vorm Benutzen schütteln; ich achtete nicht darauf; jedenfalls war die Kappe nicht richtig bzw. gar nicht zugeschraubt, und ich schüttelte eine gehörige Menge auf meines Mannes neue weiße Jeans! Die Flecken sind niiiiieeeee mehr herausgegangen; ich weiß nicht, welche Ingredienzien diese Sauce hat - und jetzt will ich es auch nicht mehr wissen.

Eine klitzekleine Kleinigkeit brachte eine Misshelligkeit in unseren Aufenthalt: Meine Schwägerin wollte sich umziehen und bat darum, dies in unserem geräumigen Zelt tun zu dürfen. Klar doch! Aber: Sie wollte mit ihren schmutzigen, sandigen Füßen dazu in unsere Schlafkabine. Das erlaubten wir nicht! War doch auch verrückt! Draußen liefen die Leute halb- oder ganz-nackig herum, und sie wollte sich ins hinterste Eckchen unseres Zeltes verkriechen, und wir sollten des Nachts in dem von ihr herein getragenen Sand schlafen! Nein! Nein! Nein!
Ergebnis: Sie baute ihr Zeltchen ab und zog ins Vorzelt des Wohnwagens ihrer Eltern.

Zum Glück ging die Zeit unseres Aufenthaltes zu Ende; wir fuhren bis Beaune gemeinsam zurück und beschlossen dann, den Rest der Strecke getrennt nach Hause zu fahren.

In unserem Alltagsleben hatte sich Routine breit gemacht. Auch mein Sohn kam nun mit in den Schützenverein, er schoss - klar - Luftgewehr, so fangen alle an, und ist die einzige Disziplin, die man so jung ausüben darf. Und er schoss gut, richtig gut! Er erreichte im Jahr 1981 die Deutschen Meisterschaften, wurde dort 15. Leider? Ich sah das anders: Ist doch etwas Besonderes, der fünfzehnt-beste Schütze seiner Altersklasse in ganz Deutschland zu sein!

Leider machte später seine Partnerin alles zunichte. Da sie keinen Bezug zu diesem Sport hatte, vermieste sie auch meinem Sohn dessen Ausübung.

Leider. Aber man kann es immer wieder feststellen, dass mit dem Eingehen einer Partnerschaft sportliche Aktivitäten auf der Strecke bleiben. Außer man riskiert ständigen Ärger mit dem Partner. Natürlich trifft das auch auf andere Hobbies zu.

Und dann kam H. - meine Schwägerin. Sie hatte mittlerweile eine kleine Wohnung in Bad Kreuznach, arbeitete Schicht in einer Polstermöbelfabrik und ... langweilte sich.
Ihren Ausraster von vor einiger Zeit, als sie im Elternhaus sturzbetrunken anfing zu toben, mit Stühlen zu werfen, und ihr Vater Arzt und Polizei rief, der Arzt ihr eine Beruhigungsspritze gab, die Polizei erklärte, nichts tun zu können, hatten wir ad acta gelegt.

Wie gesagt, sie langweilte sich. Und da kam ihr wohl der Gedanke, dass ich nur halbtags arbeite, und dass sie mich/uns mal besuchen könne. Gesagt - getan - und sie blieb bis spätabends, bis wir "Sperrstunde" geboten. Das gefiel ihr so gut, dass es nun fast jeden Nachmittag bei uns klingelte, und Heiko sagte: "H." - und das war sie dann auch meistens. Wir hatten ab sofort kein Privatleben mehr. Jeder klagte darüber und stöhnte, dass sie schon wieder da war - auch mein Mann.

Und eines Abends beim Kartenspielen mit ihr platzte mir der Kragen. Ich sagte ihr, was Sache ist, dass das so nicht weiter gehen könne; dass sie uns gerne ab und zu besuchen könne - nach telefonischer Rücksprache. Alle schauten mich entsetzt an.
Sie packte ihre Sachen zusammen ... und ging ... und ab sofort hatten wir ruhige Nachmittage, und Abende für uns - wenn wir es so wollten. Dachte ich. Obwohl er sich auch immer über die fast täglichen Besuche seiner

Schwester beklagt hatte, war mein Mann mir sehr böse, dass ich so zu ihr geredet hatte. Konnte ich nicht verstehen; er war ja nur zu feige gewesen, ihr das selbst zu sagen.

Übrigens: Das neue Zelt benutzten wir nur ein einziges Mal, und dann fuhren wir nicht mehr auf Campingplätze. Denn H. hatte einen Nachbarn mit einem Yorkshire-Terrier gesehen, und nun wollte er auch einen - und bekam ihn. Und im allgemeinen sind Hunde auf Camping-Plätzen nicht gerne gesehen. Also war diese Episode zu Ende.

H. war, wie ich bemerken musste, nicht sehr entscheidungsfreudig, und schon gar nicht ehrgeizig.

Ich machte ab Januar 1977 Samstags eine einjährige Fortbildung des DGB zur Geprüften Sekretärin, das wollte ich schon lange, sah jedoch in meiner familiären Situation keine Möglichkeit, eine Sekretärinnen-Schule zu besuchen, da das meine Abwesenheit von zuhause bedeutet hätte. So kam mir dieses Angebot gerade recht. Also ging ich nun jeden Samstag wieder zur Schule, und während der Woche lernte ich.
Es lohnte sich; mein Ehrgeiz war geweckt, und ich wurde Klassenbeste.

H. hatte solche Ambitionen nicht; ihm war es gerade recht, wenn jeder Tag im gleichen Trott ablief.
So lehnte er es auch ab, die ihm angebotene Nachfolge des Abteilungsleiters anzutreten; zu viel Überstunden, zu viel Samstagsarbeit, zu viel Verantwortung, zu viel Ärger mit Kollegen, gegenüber denen er sich hätte durchsetzen müssen. Er ging lieber den Weg des geringsten Widerstandes. Was ich gar nicht verstehen konnte.

Ich weiß nicht mehr genau, in welchem Jahr es war; aber es war an einem Hubertus-Ball im Schützenhaus, also Anfang November. H. konnte zwar leidlich tanzen - doch er tat es äußerst ungern. Ich jedoch, ich tanzte schon immer sehr gerne. Also waren Kräche vorprogrammiert. Ich hätte ja nicht von ihm verlangt, dass er sich nun auf einmal mit Verve ins Tanzvergnügen stürzen solle. So ab und zu hätte er sich doch dazu aufraffen können, mir zuliebe. Aber nein! Egal wie sehr ich bat und bettelte, es war nichts zu machen, er lehnte es ab zu tanzen.
Worauf ich meinen Mantel holte, zum Auto ging und nach Hause fuhr. Ich weiß noch, dass ich der Frau unseres Präsidenten im Windfang begegnete, die ganz erstaunt war; und dass ich ihr erklärte, was los war. Aber ich ließ mich nicht dazu überreden, auf dem Ball zu bleiben. Was sollte ich auf einem Ball, wenn ich nie tanzen konnte?!
Wie mein Mann dann nach Hause kam, weiß ich nicht mehr.

1978 wurde Heiko konfirmiert. Frieda hätte am liebsten die Ausrichtung der Feier ganz an sich gerissen, allerdings wollten wir das nicht. Wir hatten in einem Restaurant in der Nähe unserer Wohnung Mittagessen für alle bestellt. Ich hatte in den Tagen davor Unmengen Kuchen und Torten hergestellt - natürlich viel zu viel! Und war dafür auch einige Male nach Steinhardt gefahren. Frieda schmollte ein bisschen und redete wenig.

H. hatte sie am Morgen abgeholt. Nach dem kirchlichen Procedere fuhren wir also in das besagte Restaurant zum Mittagessen. Danach ging es nach Steinhardt. Eigentlich war es ein lustiges Fest. Ich erinnere mich noch gut an ein paar Tänze, die mein Bruder und ich aufs Parkett legten. Obwohl wir noch nie miteinander getanzt hatten, harmonierten wir sehr gut.

Frieda hatte es sich nicht nehmen lassen, statt des Mittagessens ein fulminantes Abendessen mit Braten aus dem Bäckerofen zu servieren.

Mein Bruder war der Pate gewesen, Ilses Tochter H. die Patin. Sie war zwar nicht in der Kirche in Bad Kreuznach anwesend, kam aber dann am Nachmittag zum Kaffee.

Im Sommer des gleichen Jahres bekam ich an einem heißen Samstag im Juni am Vormittag einen Anruf von der Kinderstation der Diakonie-Anstalten: Heiko war am Bahnhof, als er auf den Bus nach Hause wartete, zusammengebrochen und dort hin gebracht worden. Es ginge ihm jedoch wieder gut. Wahrscheinlich hatte er zu wenig getrunken, und das, zusammen mit der Anstrengung bei einem Chor-Konzert, in dem er mitsang, hatte wohl dazu geführt.

Er sollte trotzdem noch ein paar Tage zu Untersuchungen im Krankenhaus bleiben.

Mein Mann war nicht da; er war im Schützenverein, um mitzuhelfen bei den Vorbereitungen für den Königsball, der am Abend stattfinden sollte. Ich rief im Verein an und ließ ihm ausrichten, was passiert war. Er kam auch so bald wie möglich nach Hause.

Ich packte ein paar Sachen für Heiko zusammen, und wir brachten sie ihm dann, als H. zu Hause war.

Aufgrund der Untersuchungen bei Heiko riet man, die Mandeln zu entfernen, was auch gleich im Anschluss gemacht wurde. Was weitaus schlimmer war, betraf seine Hoden, von denen einer innen, also im Bauchraum lag. Dies kann zu Zeugungsunfähigkeit führen, da es für die Hoden im Bauchraum zu warm ist.

Als die Operation durchgeführt werden sollte, war Heiko stark erkältet, so dass man davon Abstand nahm.
Und dann, mit Einsetzen der Pubertät, verlagerte sich der Hodensack zum Glück nach außen, so dass eine Operation nicht mehr nötig war, aber man attestierte ihm eine nur eingeschränkte Zeugungsfähigkeit - und nun hat er drei Kinder.

1979 im Frühjahr/Frühsommer bekam ich an meiner Arbeitsstelle einen Anruf von Heikos Klassenlehrer, und eine Welt brach für uns zusammen. Er hatte die Schule geschwänzt, wochenlang, um einen "blauen Brief" abzufangen, der an uns geschickt werden sollte.

Uns und den Lehrern erzählte er bei einer Anhörung, dass er nicht zur Schule gegangen sei, weil ihm unterwegs ein größerer, älterer Jugendlicher aufgelauert habe, der Geld von ihm gefordert hätte.

Also setzten wir uns deswegen mit einer Nachbarin, die bei der Kripo war, in Verbindung. Wir gingen mit Heiko zu ihr, und er musste sich die Konterfeis von bereits straffällig gewordenen Jugendlichen anschauen; natürlich ohne Ergebnis.
Die erfahrene Kriminalistin vermutete gleich, dass Heiko gelogen hatte. So war es auch, wie er dann schlussendlich gestand.

Wegen seiner schlechten schulischen Leistungen und dieser Vorfälle musste er die Klasse wiederholen; also hatte er nun schon zwei Jahre verloren.

1979 im Herbst heiratete mein Bruder. Ich habe darüber schon in dem Kapitel "Mein Bruder" geschrieben.

Auf dem Weg nach Davos hatten wir ein Problem mit unserem Opel, das man in einer kleinen Werkstatt unterwegs provisorisch beheben konnte; wir mussten dann aber am nächsten Tag, einem Samstag, unser Auto in eine Werkstatt in Davos bringen. Dort hatte man einen entsprechenden Verschluss für den Ölbehälter.

Und ein Jahr später besuchten wir Gernot und Susanne ein paar Tage lang in ihrem neuen Heim in Sigriswil oberhalb des Thuner Sees im Berner Oberland.

Wir fuhren an einem Sonntagnachmittag im Herbst los, nach unseren Schützenverein-Verpflichtungen. In Bad Kreuznach und Bingen war es lausig kalt und regnerisch. So hatten wir vor allem wärmere Kleidung eingepackt.

Am Abend kamen wir wohlbehalten an. All die Tage, die wir dort verbrachten, war das Wetter traumhaft. Ich erinnere mich noch, dass wir einmal des Nachts bis gegen 4 Uhr in der Früh auf dem Balkon sassen - bei 20 Grad.
Da ich kaum dünnere Kleidung mitgenommen hatte, lieh mir Susanne noch ein T-Shirt.

Wir fuhren einige Male nach Grindelwald, einmal mit der Gondelbahn auf den Männlichen und liefen dann zur Kleinen Scheidegg, von wo wir mit der Zahnradbahn wieder nach Grindelwald zurück fuhren.

Einmal, an Gernots freiem Tag, wollten wir eigentlich auf einen Berg auf der anderen Seite des Thuner Sees. Aber wie so oft kam mein Bruder mal wieder nicht in die Puschen; der Ausflug wurde zwar nicht abgesagt, aber doch abgekürzt.

Wie schon im Kapitel über meinen Bruder angedeutet, benahm er sich für unser Empfinden sehr befremdlich. Er wollte seiner Frau zeigen, wie jugendlich er noch war mit seinen 31 Jahren. Auf uns wirkte das eher lächerlich. Wir enthielten uns jeden Kommentars, amüsierten uns nur darüber.

Kinder deuteten sich noch nicht bei ihnen an - genauso wenig wie bei uns.

Nachdem der Verwaltungssitz meiner bisherigen Firma in Bad Kreuznach aus Kostengründen mit dem Produktionssitz in der Pfalz zusammengelegt worden war, die Mitarbeiter nun jeden Morgen mit einem Kleinbus dort hin gefahren wurden, war eine Halbtagsarbeit nur noch schlecht möglich. Deshalb hatte ich gekündigt.

Seit Anfang 1980 arbeitete ich im St. Franziska-Stift in Bad Kreuznach. Ganz ungewöhnlich für eine Protestantin, in einem katholischen Krankenhaus zu arbeiten, in dem noch Ordensschwestern die Pflege leiteten. Aber der Verwaltungsleiter hatte bei einem Vertretungseinsatz meine Fähigkeiten der Protokollführung kennen gelernt - und er schuf für mich eine Stelle, die es vorher gar nicht gab.

Ich arbeitete in verschiedenen Bereichen: als seine Sekretärin, als Vertretung für Sekretärinnen der Chirurgie und der Inneren, dazu später auch als Vertretung für die Buchhalterin, und ich bekam die neu geschaffene Stelle einer Leiterin des Zentraleinkaufs einschl. Kostenrechnung, ebenso hatte ich die Verwaltung des Zentrallagers inne. Ich hatte also einen sehr abwechslungsreichen und interessanten Posten.

Wenn ich mich einem kleinen gynäkologischen Eingriff unterziehen musste, stritten sich die Schwestern der Gynäkologischen und der Entbindungs-Station, wo ich denn nun mein Zimmer bekommen sollte. Als ich das erste Mal stationär dort war, wurde ich an meinem Geburtstag operiert - und entsprechend gefeiert.
Und mein Ehemann verprasste inzwischen unser Geld, indem er jeden Tag zum Essen in ein Restaurant ging, denn Kochen war nicht sein Ding. Er ließ sogar noch Wasser anbrennen.

Als ich ein Jahr später dann wieder so einen kleinen Eingriff hatte, übernahm mein Sohn das Kochen. Er kam jeden Nachmittag nach der Schule zu mir, und wir beredeten, was er zum Abendessen machen kann.

Kindermund tut Wahrheit kund

In Bad Kreuznach wohnte eine Kollegin aus der Patentabteilung ganz in unserer Nähe. In ihrem Haus wohnte ein etwas merkwürdig aussehender Herr mit seiner Familie: Lange, lockige silbergraue Haare, aber eine große Tonsur. Wir kannten ihn auch vom Sehen.

Meine Kollegin hatte öfter mal Besuch von ihrem Enkel, so ca. 4 Jahre alt. Einmal trafen sie in der Adventszeit besagten Herrn im Keller.

Der kleine Vierjährige stellte sich vor diesen Herrn, musterte ihn eingehend vom Kopf bis zu den Füßen und zurück und stellte dann die Frage: “Bist Du der Weihnachtsmann?”

✧✧✧✧✧✧✧

Ich (1981 - 1985)

✧✧✧✧✧✧✧

1981 war es, dass Heiko sich für die Deutschen Meisterschaften qualifiziert hatte.

Wir verbrachten in diesem Sommer unseren Urlaub in Ostfriesland, in Ostrhauderfehn. Dort hatten wir uns in einem Privatquartier eingemietet. Und wir hatten sehr viel Spaß dort. Wir hatten aber auch Glück mit unseren Vermietern.

In dem kleinen Fernsehgerät in unserem Zimmer schaute ich mir die royale Hochzeit von Lady Diana Spencer und Prince Charles an, während meine Männer derweilen in einem Museum waren.

Heiko wollte natürlich wegen der anstehenden DM weiter im Training bleiben und ging zum örtlichen Schützenverein. Nur: Die Trainingsmöglichkeiten waren sehr begrenzt, das war nicht das Wahre. Als der Besitzer eines Hotels / einer Gaststätte, wo wir ab und zu zum Abendessen waren, davon erfuhr, bot er uns an, dass Heiko auf seinem Schießstand jeden Vormittag trainieren könne, und wir könnten, wenn wir wollten, während dieser Zeit unentgeltlich die Kegelbahn benutzen. So ging nun Heiko fast jeden Morgen dort hin. Aber gekegelt haben wir nie.

Außer Heiko (in der Altersklasse "Jugendliche") hatte sich noch eine "Schülerin" unseres Vereins für die DM qualifiziert. So fuhren wir also an einem Freitagmorgen los Richtung München, wo auf der Schießanlage der Olympiade 1972 in jedem Jahr die DM stattfindet, begleitet auch vom Jugendtrainer.

In einer Pension nicht sehr weit von der Schießanlage hatten wir Zimmer bekommen. Am Samstag mussten die Beiden ihren Wettkampf austragen.

Nachdem wir die Pension gefunden hatten (auch Navis gab es damals noch nicht), machten wir uns erst mal auf den Weg zur Schießanlage, damit wir wussten, wie wir ihn am nächsten Tag erreichen konnten. Danach machten wir eine kleine Stadtführung für die Jungen und aßen eine Kleinigkeit.

Ich war seit 1959 nicht mehr in München gewesen. Aber ich wusste noch, dass mich damals die Theatiner-Kirche am meisten beeindruckt hatte. Das wollte ich überprüfen - sie gefiel mir immer noch so gut. Auch die kleine Schützin, die mit mir hinein gegangen war, zeigte sich beeindruckt. Wogegen das Hofbräuhaus, das alle natürlich auch sehen und begucken wollten, eher keinen großen Eindruck auf sie machte. In der Nähe der Theke, wo wir uns zuerst hinsetzen wollten, konnten wir es wegen des Gestanks schon gar nicht aushalten.

Die Sportler blieben am Abend in der Pension, wir Erwachsenen fuhren mit der U-Bahn nach Schwabing. Jedoch wir hatten den Beiden schon versprochen, dass sie am nächsten Tag, nach ihren Wettkämpfen, mit in die Stadt dürften. So hielten wir auch schon Ausschau nach einem Restaurant für uns alle.

Die kleine Schülerin landete "unter ferner liefen", das Ergebnis von Heiko, wie schon erwähnt: 15. Platz.

Am Abend also dann Schwabing für Alle. Die Kleine war besonders fasziniert vom U-Bahn-Fahren; so etwas gibt es ja auch in Bingen nicht.

Sie lebte bei ihren Großeltern und war noch nicht weit herum gekommen.

Am Sonntag dann wieder die Rückreise; ich war total müde. Deshalb ließ ich die beiden Männer fahren.

Irgendwann einmal fragten wir Frieda, ob wir eine der alten Petroleumlampen, die es im Haus in Steinhardt gab, bekommen könnten. Ihre Antwort: "Nein, die sind alle für Gernot, die müssen im Haus bleiben." Noch nicht einmal die geringste Kleinigkeit wollte sie ihrem Sohn vorenthalten (oder uns zukommen lassen).

Durch Heikos "Ehrenrunden" in der Schule war er schon 18 Jahre alt, als er sie mit Abschluss der Mittleren Reife beendete. Was fehlte, war eine Lehrstelle. Eigentlich wollte er gerne etwas in Richtung Elektriker machen. Aber wo er sich auch bewarb, er bekam überall Absagen. Also machte er auf Anraten des Arbeitsamtes noch ein Berufsförderungsjahr in Richtung Elektrik/Elektronik.

Doch dann fand er ganz unerwartet eine äußerst begehrte Lehrstelle, um die ihn viele beneideten: Zahntechniker. Noch dazu in einem Labor ganz in der Nähe unserer Wohnung. Einziger Wermutstropfen dabei: Die entsprechende Berufsschule war in Koblenz.

Gar nicht so recht passend erschien mir, dass er sich mit einem anderen Auszubildenden befreundete, dem Sohn eines Chefarztes des Diakonie-Krankenhauses, offensichtlich homosexuell. Ich habe beileibe weder etwas gegen Chefärzte oder Söhne von Chefärzten oder Homosexuelle. Aber wenn man, wie Heiko damals, mit den großen Hunden pinkeln möchte, dann sollte

man schon das Bein hoch heben können.
Er fand es sehr schick, zu Festen im Haus der Eltern des Freundes eingeladen zu werden, oder auch zu Aufenthalten auf der Yacht des Vaters. Das war interessanter für Heiko als alles, was wir ihm bieten konnten. Vielleicht muss jeder mal durch so eine Phase durch.

Wir hatten im Schützenverein die Bekanntschaft eines US-amerikanischen Ehepaares aus Texas gemacht. Die Frau war deutschstämmig und die Schwester der Freundin eines Schützenfreundes. Sie luden uns ein, sie zu besuchen. Dieses Angebot nahmen wir dann im Mai/Juni 1983 an. Wir hatten meinem Sohn angeboten, uns zu begleiten, aber er wollte nicht mit.

Heiko, der mittlerweile seinen Führerschein hatte, brachte uns in seinem alten Auto, das er sich gekauft hatte (ich sollte besser sagen: das man ihm angedreht hatte), zum Flughafen nach Frankfurt. Auf dem Rückweg gab das Auto seinen Geist auf; zum Glück erst da.
Er und ein älteres Nachbars-Ehepaar kümmerten sich um unseren Yorkshire. Mit Heiko telefonierten wir regelmäßig.

Sechs Wochen waren wir dort in der Nähe von Houston. Wir haben eine Menge gesehen: San Antonio, Corpus Christi, Padre Island, Huntsville, San Jacinto, Houston.

Am besten gefiel es uns bei einer anderen deutschen Familie, bei der wir in der Nähe von Huntsville auf dem Land ein paar Tage zu Besuch waren. Mit denen waren wir zum Catfish-Angeln, wobei ich mir einen gehörigen Sonnenbrand holte; und dann mussten wir wieder zurück zu unseren Gastgebern.

Was mir gar nicht gefiel, war deren immer noch andauernder Rassismus. John erzählte, dass sein Großvater noch Sklaven hielt, die bei ihrer Freilassung als Familiennamen den ihrer früheren Besitzer bekamen. Er sagte: "Wenn ich einmal einen Farbigen (er hat sich nicht so korrekt ausgedrückt) treffen würde, der meinen guten Namen trägt, würde ich ihn erschlagen!"

Sie fuhren mit uns auch in ein Indianer-Reservat und waren ganz erstaunt, dass es mir dort nicht gefiel. Aber das kam mir vor, wie Tiere im Zoo zu betrachten; nur betrachteten da Menschen andere Menschen. Wie schauten mich unsere Gastgeber an, als ich meinem Entsetzen Ausdruck verlieh, dass doch diesen sogenannten Indianern einmal der ganze Kontinent gehört hatte, und wie wenig ihnen geblieben sei.

Man bot uns trotzdem an, für uns zu bürgen, wenn wir in die USA auswandern wollten. Mir hätte das damals gefallen; H. eigentlich auch. Doch als wir dann wieder in Deutschland waren, und H. seinen Heimatort wiedersah, da lehnte er die Auswanderung entschieden ab. Er konnte sich nicht vorstellen, ohne den sonntäglichen Frühschoppen, ohne sein gewohntes Umfeld zu sein.

Nun ging ich auf die vierzig zu, noch immer hatte sich kein Nachwuchs eingestellt, und noch immer war mein Mann deswegen nicht beim Arzt gewesen.
Sein Vater, dem ich einmal mein Leid klagte, bot an, mit ihm darüber sprechen, aber ich lehnte ab. Denn das hätte sicher keinen Zweck gehabt, im Gegenteil.

Ich verweigerte mich meinem Mann sexuell.

Auch mit guten Bekannten (sie war Niederländerin, er bei der US-Army, Farbiger, Freimaurer, und der schönste Mensch, der mir je begegnet ist) sprach ich darüber. Aber was sollte ich tun?

Im Mai 1984 beendete mein Chef, der Verwaltungsleiter des Krankenhauses, sein Berufsleben. Vorher hatte ich ihm geholfen, einen Nachfolger auszuwählen.
Man sollte er nicht glauben, was sich da für Leute befähigt hielten, diesen Posten ausüben zu können!

Die spektakulärste Aussage für mich war die eines Herrn, der seine Bewerbung und Befähigung für diesen Posten damit begründete, dass er schon mal als Patient im Krankenhaus war, weil er am Blinddarm operiert werden musste.
Diesen Herrn wählten wir nicht aus!

Sondern die Wahl fiel auf einen Dipl.-Oekonom, mit dem ich mich zum Glück sehr gut verstand. Da er gerade erst sein Studium beendet hatte, war ihm das praktische Berufsleben vollkommen fremd, und ich half ihm, sich in der Praxis zurecht zu finden.

Es dauerte nicht lange und ich lernte auch seine Frau kennen, und des öfteren trafen wir alle uns auf ein Bier oder zum Skatspiel. Die Beiden kamen auch mit zum Schützenverein; sie schoss Gewehr, er Pistole. Sie hatte eine leichte Behinderung am rechten Arm und durfte daher ihr Gewehr in eine Schlinge legen.
Solche Dinge waren bei Schützen noch nie ein Problem; ich schoss auch schon mal auf Turnieren gemeinsam mit RollstuhlfahrerInnen.

Alles schien also in bester Ordnung zu sein.
Zumal ich von meinem neuen Chef in jeder Beziehung gefördert wurde. So fuhr ich zu mehreren EDV-Kursen, da nun auch im Krankenhaus diese neue Technik Einzug halten sollte; zuerst in der Buchhaltung. Im Gegensatz zu der älteren Buchhalterin hatte ich keinerlei Berühungsängste gegenüber der neuen Technik, im Gegenteil: Ich fand sie faszinierend.

Wenn diese Dame ihre Eintragungen per Computer machte, geschah dies so, dass sie an Tastatur und Bildschirm sass, eine zweite Dame neben ihr, die ihr die Daten, die einzutippen waren, vorlas - und sie gab sie ein. Wenn ich diese Arbeit ganz alleine machte, wie es ja auch sinnvoll ist, dann wurde ich schon mal gefragt: "Und Sie haben gar keine Angst vor dem Computer?" Worauf ich antwortete: "Warum denn auch? Er hat mich noch nie gebissen."

Nur eine Abend-Einladung zu meinem Chef und seiner Frau verlief nicht ganz wie gewünscht. Wir hatten auf ihren Wunsch hin unseren Yorkshire mitgebracht. Sie hatten auch einen Hund, der sich auf unseren stürzte und sich in ihm verbiss. Wir hatten große Mühe, die beiden Hunde zu trennen. Zum Glück war nichts Schlimmes passiert.
Allerdings verabschiedeten wir uns daraufhin schon bald danach.

Ich hatte an meiner Arbeitsstelle ja auch die Verwaltung des Zentrallagers und den Einkauf inne, die ich erst mal auf eine Grundlage gestellt hatte. Vorher hatte fast jede Abteilung bzw. Station für sich eingekauft, was natürlich ein Unding ist.
So kam es z. B. bei einer Anfrage an das OP, ob sie Zellstoff benötigen (da ein Hersteller ein gutes Angebot gemacht hatte) zu dieser Aussage der leitenden OP-Schwester: "Nein, danke, wir haben vor 7 !!! Jahren einen

Posten Zellstoff aus einem Angebot gekauft und sind noch reichlich versorgt."

Das nenne ich doch mal sparsames Wirtschaften!

Jedenfalls trat die Situation ein, dass wir aufgrund einer Gesetzes- oder Vorschriften-Änderung vor der Frage standen: Sollen wir die hauseigene Wäscherei komplett umbauen, oder beauftragen wir in Zukunft eine externe Wäscherei. Die zweite Lösung erschien uns die bessere.

Da in der Nähe meiner/unserer Wohnung sich eine Wäscherei befand, war diese erstmal die erste Anlaufstelle. Ich ging hin, schilderte einer Angestellten unser Vorhaben; sie gab die Anfrage an den Chef weiter, und der rief mich an und lud mich für einen der nächsten Tage zu einem geschäftlichen Abendessen ein - alles ganz normal.

Wir beredeten das Ganze, und er schickte ein Angebot. Seine Wäscherei befand sich in Bad Kreuznach.

Eine zweite Wäscherei, die wir ins Auge gefasst hatten, lag weiter weg, im Hunsrück. Aber sie hatten Erfahrung mit Krankenhäusern. Mein Chef und ich fuhren dort hin, wir wurden zum Mittagessen eingeladen und redeten über alles.

Dann bekam ich einen Anruf von dem ersten Wäscherei-Herrn, der mir folgendes sagte: "Wenn Sie mir den Auftrag zuschieben, dann werde ich Ihnen einen großen Stein in den Garten werfen."

Das war einwandfrei der Versuch der Bestechung - und somit hatte sich dieser Herr selbst aus dem Rennen geworfen.

Ich hatte nichts dagegen, schon mal eine Flasche Wein oder Sekt, oder einen Kugelschreiber, oder ähnliches anzunehmen; das alles teilte ich immer redlich mit meinem Chef. Aber das, was dieser Herr da versuchte, das ging mir doch gegen die Hutschnur; er hätte von mir diesen Auftrag nie bekommen.

1985 feierte ich meinen 40. Geburtstag mit einem größeren Fest in einem Lokal nicht allzu weit von unserer Wohnung. Ich hatte den gesamten Geschäftsführenden Vorstand des Schützenvereins eingeladen, meinen Chef und seine Frau; warum meine Schwiegereltern nicht dabei waren, weiß ich heute nicht mehr. Heiko holte Frieda aus Steinhardt und fuhr sie auch wieder zurück. Meinen Bruder hatte ich auch eingeladen; er konnte aber nicht kommen, rief nur spät am Abend an.
Ein schönes Fest!

Und dann kam das Krankenhaus in finanzielle Schwierigkeiten. Die Finanz-Situation des Hauses war noch nie sehr rosig, aber jetzt mussten dringend Sparmaßnahmen ergriffen werden, sprich: Personal wurde entlassen.

Mir wurde auch gekündigt. Ich konnte es nicht fassen! So einfach wollte ich das nicht hinnehmen und verlangte zumindest eine Abfindung. Da mir die verweigert wurde, ging ich zu einem Rechtsanwalt, der die Aufhebung der Kündigung verlangte. Obwohl ich bezweifelte, dass ich dann in dem Krankenhaus ein angenehmes Leben gehabt hätte; aber der Anwalt meinte, wir könnten in dem Fall auch eine Wiedereinsetzung in die bisherige Stelle erstreiten. Aber dauernd streiten?

Jedenfalls machte dann einen Tag vor dem bereits angesetzten

Gerichtstermin das Krankenhaus einen Rückzieher, weil sie wussten, dass ich Recht bekommen würde, und bot mir eine Abfindung in der von mir geforderten Höhe an. Ich nahm an, gegen die Meinung des Anwaltes.

Also war ich jetzt erst mal arbeitslos; und mit vierzig eine neue Stelle finden, das war auch damals nicht so einfach. Tatsächlich wurde ich bei einigen Firmen abgewiesen, weil ich zu alt sei.

Zum damaligen Zeitpunkt hatte die Wirtin der Schützenhaus-Gaststätte gekündigt, und ich bot an, diese Arbeit erst einmal zu übernehmen; solange ich arbeitslos war, solange sich niemand anderes fand.

✧✧✧✧✧✧✧

Scheinheiligkeit

✧✧✧✧✧✧✧

Der größte Fall von Scheinheiligkeit ist mir bei einer Kollegin des St. Franziska-Stiftes in Bad Kreuznach unter gekommen. In diesem katholischen Haus. Klar doch, wo sonst?!

Sie lebte seit vielen Jahren mit einem verheirateten Mann zusammen, dessen Frau aus psychischen Gründen in einem Pflegeheim untergebracht war. Der Ehemann ließ sich nicht scheiden, weil das gegen die Regeln der katholischen Kirche gewesen wäre. Und weil er dann seine "Neue" nicht mit dem Segen derselben hätte heiraten können.

Also warteten die Beiden auf den Tod dieser Frau. Das ist schon mal sehr, sehr christlich.

Als diese Noch-Ehefrau (endlich) verstorben war, heirateten die Beiden mit großem Aufwand irgendwo außerhalb in einer ganz besonders heiligen Kirche, und wurden von einem ganz besonderen Priester getraut.

Wenn das mal nicht scheinheilig ist?! Was dann?!

✧✧✧✧✧✧✧

Das Ende

✧✧✧✧✧✧✧

Es war am Muttertag des Jahres 1985. Mein Bruder und seine Frau waren in Steinhardt zu Besuch und hatten angefragt, ob wir zum Mittagessen und Plauschen und Kaffeetrinken (oder so) kommen könnten / wollten. Wir wollten.

Da es Muttertag war, und das sich dann so gehört, hatte ich mich morgens früh bei einem Blumenladen angestellt und ein paar Blümchen für Frieda besorgt. Man sollte mir ja nichts nachsagen können!

Wir fuhren also nach Steinhardt. Es war ein wunderschöner, sonniger Tag. Alle standen in der Sonne auf der Treppe vor dem Haus.
Ich überreichte Frieda die Blümchen ... und sie legte sie ohne ein Wort des Dankes auf einen Mauerpfosten der Gartenumzäunung. Susanne nahm sie auf, um sie zu versorgen (ansonsten hätten sie bis zu Friedas Tod dort gelegen).

Mein Mann und ich plauderten mit meinem Bruder, die beiden Damen Oehme kümmerten sich ums Mittagessen.

Nach dem Mittagessen schlug Gernot vor, wir könnten doch zum Sobernheimer Flugplätzchen laufen und Rundflüge machen. Gut, das war nicht so ganz in unserem Sinne, aber wir wollten keine Spielverderber sein.

Erst flogen Gernot, Susanne und Heiko, dann wir.

Bis wir wieder gelandet waren, hatte mein Bruder schon wieder ein gutes Quantum Alkohol getrunken; vielleicht hatte er ja auch schon einen "Frühschoppen" hinter sich. Wir tranken dann nur noch ein Bier, und dann gingen wir wieder nach Steinhardt.

Dort verzog sich Gernot in sein Bett; er musste seinen Rausch ausschlafen. Und Frieda verkündete, dass wir nun nach Hause fahren könnten, die "Veranstaltung sei jetzt zu Ende".

Ich bat meinen Mann, zu fahren. Die ganze Fahrt über weinte ich bitterlich. Und ich schwor, das Haus meiner Mutter nie mehr zu betreten. Ich wusste, es ging um "Sie oder Ich". Ich hätte doch mein restliches Leben lang vor ihr und für sie auf und nieder springen können, wie ich wollte, wie ich konnte. Aber ich hätte nie ein kleines bisschen Anerkennung von ihr dafür bekommen.

Wie sagte sie selbst bei meiner ersten Scheidung?: "Lieber ein Ende mit Schrecken, als ein Schrecken ohne Ende!" Genau danach handelte ich nun und schützte mich selbst damit.

Und auch in meiner Ehe bahnte sich eine Entscheidung an.

Nichts lief mehr wie ich es mir gewünscht hätte, immer öfter rief ich eine frühere Arbeitskollegin und mittlerweile liebe Freundin an und klagte ihr mein Leid.
Auch Heiko merkte natürlich, dass es in unserer Ehe nicht zum besten stand, aber er stand auf meiner Seite, obwohl er sich immer recht gut mit meinem Mann verstanden hatte.

Ich traf mich mit Hans-Peter. Wir kannten ihn schon aus der Gaststätte, wo er immer mal mit seiner schönen Boxer-Hündin hin kam. Nun lernte ich ihn besser kennen, und viele Nachtstunden verbrachten wir Tee trinkend in seiner kleinen Wohnung und redeten und redeten. Wann hatte ich das zuletzt mit jemand tun können? Mein Mann war natürlich der Meinung, wir würden die Nächte zusammen im Bett verbringen. Dass jedoch diese vielen Gespräche weit mehr "fremd gehen" waren, als wenn wir eine sexuelle Beziehung gehabt hätten, das hätte er sicher nicht verstanden.

Obwohl mein Mann nun auf einmal ein Gespräch suchte. Auf meine Vorhaltungen wegen der nicht erfolgten Schwangerschaft kam ein ganz unerwartetes Geständnis:
Er hätte nie vorgehabt, Kinder zu zeugen, und mit mir schon gar nicht. Das hätte er nur gesagt, weil er wusste, dass mir daran gelegen wäre, damit ich ihn heirate.
Und er habe auch nie vorgehabt, sich von einem Arzt untersuchen zu lassen, denn wie käme er dazu, so intime Dinge mit einem wildfremden Mann zu bereden?! Das wäre doch wirklich absurd, so etwas von ihm zu verlangen.

Das war dann auch das Ende unserer Ehe. Ich überließ ihm die Entscheidung darüber, wer aus der Wohnung ausziehen würde; das war er. Ich sagte ihm, dass er mitnehmen könne, was er wolle, darauf käme es mir nicht an. Sehr leichtsinnig von mir; denn er nahm auch die neue SR-Kamera-Ausrüstung mit, die ich von meiner Abfindung gekauft hatte, obwohl er das Fotografieren immer mir überlassen hatte.

Er zog erstmal wieder zu seinen Eltern.

Und ich suchte mir eine neue Arbeit. Aber darüber berichte ich dann in der Fortsetzung meiner Geschichte.

Außerdem werde ich berichten über

- meine Tätigkeit in den USA,
- den Tod von H.-P.,
- das Kennenlernen meines dritten Ehemannes, das Leben mit ihm und seinen Tod,
- die Krankheit und den jämmerlichen Tod meiner Freundin Helga,

und was mir dann sonst noch so einfällt.

ed by Books on Demand GmbH, Norderstedt / Germany